식후 30분에 읽으세요

식후 30분에 읽으세요

약사도 잘 모르는 약 이야기

건강사회를 위한 약사회 **지음**

이매진

식후 30분에 읽으세요
약사도 잘 모르는 약 이야기

초판 1쇄 2013년 1월 18일
개정증보판 1쇄 2024년 5월 10일
지은이 건강사회를 위한 약사회
펴낸곳 이매진
펴낸이 정철수
등록 2003년 5월 14일 제313-2003-0183호
전화 02-3141-1917
팩스 02-3141-0917
이메일 imaginepub@naver.com
블로그 blog.naver.com/imaginepub
인스타그램 @imagine_publish
ISBN 979-11-5531-146-2 (03300)

• 환경을 생각해 재생 종이로 만들고, 콩기름 잉크로 찍었습니다.

10년이면 강산도 변한다고 합니다. 건강사회를 위한 약사회(건약)가
《식후 30분에 읽으세요》 초판을 낸 지 10여 년이 지난 오늘 우리를 둘
러싼 보건 의료 환경도 많이 달라졌습니다. 특히 2020년부터 본격화
한 코로나 팬데믹으로 보건 의료 환경뿐만 아니라 전세계적으로 정치,
경제, 사회 전반에 걸쳐 어마어마한 변화를 겪었습니다.

　사실 코로나 팬데믹 전부터 약사들의 사회적 임무는 공급 중심에
서 환자 안전 관리로 바뀌고 있었습니다. 이런 상황에 따라 부작용 보
고와 의약품 부작용 피해 구제 제도가 도입됐고, 최근 환자 안전 관리
보고 등이 도입돼 시행되고 있습니다. 이런 변화에 맞춰 필진을 새롭게
꾸려 증보판을 내야 한다는 목소리가 나왔고, 이런 요구에 동의하는
필진이 함께 모여 개정증보판 작업에 돌입했습니다.

　2012년에 나온 이 책은 문화관광부 2013년 우수학술도서, 대한출
판문화협회 2013년 봄 분기 올해의 청소년 도서, 2013년 다음 추천도
서 등으로 선정됐습니다. 한국방송KBS 라디오 대담 프로그램에 우리

사회의 관심을 끄는 주요한 책으로 선정돼 소개되면서 크다면 크고 작다면 작은 파장을 일으켰습니다.

우여곡절도 많았습니다. 한 제약사는 〈피곤은 간 때문일까〉 편과 문화방송MBC 뉴스 인터뷰 내용을 빌미로 필진과 건약을 상대로 소송을 제기했습니다. 책에도 나오지만 '콜린알포세레이트'도 건약 같은 시민단체들이 약효를 인정할 수 없다며 지속적으로 퇴출 운동을 벌였습니다. 결국 보험 당국은 보험 급여를 축소했고, 몇몇 제약사는 이런 결정에 맞서서 행정 소송을 진행하고 있습니다. 〈공부 잘 하는 약은 없다〉 편에서 쓴 대로 얼마 전 강남 한복판에서는 학생들에게 집중력 강화를 내세운 마약 음료를 시음시킨 일까지 벌어졌습니다.

새롭게 모인 필자들은 이런 현실을 고려해 개정증보판을 구상하면서 몇 가지 원칙을 세웠습니다. 우선 전체적으로 최신 데이터로 업데이트했습니다. 시대 흐름을 반영해 새로운 주제를 넣고 지금 상황에 맞지 않는 주제는 빼면서 차례를 다시 배치했습니다.

1부 '삶과 약'은 모두 다 살리고 〈지독한 냄새에 담긴 동북아 역사〉를 추가했습니다. 2부 '약, 먹어도 병 안 먹어도 병'은 〈치매 예방약, 두려움과 죄책감을 팔다〉를 추가했습니다. 3부 '제약 산업의 불편한 진실'은 〈자살 부추기는 사회, 자살 부추기는 약〉과 〈백신 불평등의 백신은 백신 공유〉를 추가하는 한편, 〈약값은 내가 정한다〉와 〈병원이 건강보험 환자를 받지 않는다면〉은 삭제하고 다른 주제는 업데이트했습니다. 4부 '똑똑한 약 소비자 되는 법'은 전체적으로 업데이트했습니다. 부록은 〈알아두면 좋은 약 부작용 리스트〉를 빼고 건강사회를 위한 약사회 대구경북지부에서 발행한 〈그린레터〉에 실린 내용을 편집해 넣었습니다.

이렇게 전반적으로 손을 본 개정증보판이지만 새집이 아니라 누더기 집이 되지는 않나 걱정스럽습니다. 그렇다고 예전 그대로 둘 수는 없는 노릇이라 위험을 감수하면서 개정증보판을 내기로 했습니다. 많은 시간과 노력을 들여 적극적으로 참여하고 도움을 주신 강경연, 박미란, 윤영철, 이동근, 그림을 그려준 김나경 선생님에게 감사 말씀을 드립니다. 부족한 부분은 모두 필자들 탓입니다. 질책은 언제든 달게 받아 '제2 증보판'에 반영하겠습니다.

2024년 4월

저자를 대표해서 리병도 씀

'용감한 녀석들'의 다음 20년을 응원하며

유학을 마치고 한국에 돌아와서 의약 분업이나 한약 분쟁 같은 보건 의료계의 첨예한 이슈에 문제를 제기하는 사회단체 중 우연히 건강사회를 위한 약사회를 알게 됐다.

솔직히 처음에는 건약이 어떤 단체인지 잘 몰랐다. 그러나 한국보건사회연구원에서 의약품 정책을 연구하면서 건약의 남다른 목소리에 귀 기울이지 않을 수 없었다. 건약은 의약품 접근성 보장, 사회적 공익 등에 주안점을 두면서 날이 선 비판을 서슴지 않는, 이른바 '용감한 녀석들'이었다.

그때는 의약품의 구실과 기능을 사회적 관점에서 접근하는 이른바 '사회 약학'이 잘 안 알려져 있었지만, 건약은 약업계에서는 거의 유일하게 사회 약학적 시각에서 주장을 펴고 실천하는 사람들이 모인 곳이었다. 비록 건약에서 추진한 많은 일에 직접 참여하지는 못했지만, 왕성한 활동을 지켜보면서 마음으로 응원하고 있었다.

이런 마음을 안 것일까? 건약에서 20여 년의 활동을 중간 결산하기 위해 책을 쓰면서 출판하기 전에 내게 읽어볼 기회를 줬다. 책을 읽고 난 뒤 잔잔한 호수에 파문이 이는 듯한 느낌을 받았다. 우리는 주로 인체의 질병을 고치려고 약을 먹지만 때로는 사회가 만든 사회적 질환 때문에 약을 먹게 된다는 주장이 담겨 있었다. 따라서 올바른 약 사용 문화를 정립하려면 사회적 맥락 속에서 약을 이해하고 비판해야 한다는 얘기였다.

우리 인생에서 고비마다 함께하는 의약품 문제를 다룬 1부 '삶과 약'은 노화, 다이어트, 성장 호르몬, 피임, 피로 등의 문제를 살핀 뒤 약에 의존하는 경향이 증가하는 현상을 사회문화적 측면에서 새롭게 해석하고 있다. 2부 '약, 먹어도 병 안 먹어도 병'에서는 모든 약은 양날의 검 같아 효과뿐 아니라 부작용도 공존한다는 전제 아래 의약품 안전성 문제에 관한 경각심을 일깨우고 있다. 3부 '제약 산업의 불편한 진실'에서는 마케팅, 특허, 자유무역협정FTA 문제에 관련된 제약 회사의 이윤 추구 행위에 비판적 시각을 견지하면서 약이 생명 산업으로서 제 기능을 강화할 수 있다는 기대감을 피력하고 있다. 4부 '똑똑한 약 소비자되는 법'에서는 약을 올바르게 사용하는 데 필요한 해법을 상세하게 제시하고 있다.

건약이 20여 년에 걸친 활동을 바탕으로 내놓은 성과물답게 이 책은 의약품과 사회에 관한 깊은 고민과 성찰을 담았으며, 그동안 건약이 우리 사회에서 실천하고 행동한 결과를 집대성했다. 이 책이 무심코 먹던 약이 지닌 의미를 우리 사회가 한 번 더 숙고하는 계기가 되기를 바란다. 건강 100세 시대에 현명한 약 소비자가 되려 하는 모든 시민, 약 사용에 관련된 의사와 약사, 제약 회사, 정부 관계자 등에게 꼭 한 번

읽어야 할 책으로 추천한다.

끝으로 앞으로 건약이 우리 사회에서 계속 소금 같은 존재로 남기를 바라며, 책을 준비하느라 수고하신 모든 건약 회원 여러분에게 깊은 감사 인사를 드린다.

수원 연구실에서

이의경(성균관대학교 약학대학 교수, 전 식품의약품안전처장) 드림

건약이 한 일, 건약만이 할 수 있는 일

고 문송면 군 수은중독사망 대책위원회 활동, 원진레이온 직업병 대책위원회 활동, 반핵 공해 추방 활동, 전국민 의료보험 도입, 의료보험 통합 운동, 의약 분업 도입……. 추천사를 쓰려니 건강사회를 위한 약사회에 관련된 활동이 주마등처럼 머릿속을 스친다. 건약이 보낸 지난 20년 세월은 길다면 길고 짧다면 짧은 시간이다. 내가 가장 왕성하게 활동한 이 시간을 건약의 여러 회원들하고 함께 보냈다. 지금도 청계산 밑에서 인도주의실천 의사협의회(인의협), 건강사회를 위한 약사회, 건강사회를 위한 치과의사회(건치), 참의료실현 청년한의사회(청한)의 초창기 멤버들하고 함께 한국 보건 의료 체계의 여러 문제를 해결할 방법을 놓고 밤새 소리 높여 토론하던 모습이 아련하다. 기독선교수련원에서 열린 '새내기 약사교실'에 100명 넘게 모여 우리 사회의 미래를 고민하며 강연도 듣고 토론도 하는 새내기 약사들을 자랑스럽게 지켜보던 건약 선배 그룹의 모습도 기억에 남는다.

건약과 인의협 등 직역별 모임이 정착하면서 더 큐모가 큰 보건 의료계 조직을 만들자는 제안이 나왔고, 인의협, 건약, 건치, 청한 등 의사, 약사, 치과의사, 한의사들이 농업기술자회관에 모여 각 직능이 아니라 좀더 큰일을 하기 위해 뜻을 모으자고 결의했다. 그 결과 보건의료단체연합이 만들어졌다. 보건의료단체연합은 우리 사회의 보건 의료 문제에 관해 무시할 수 없는 큰 목소리를 내는 단체로 자리 잡았다. 건약도 그때까지는 노동자와 농민, 도시 빈민 등하고 함께 건강 문제에 관련한 연대 활동을 많이 했다.

세월이 흘러 2000년, 우여곡절 끝에 의약 분업이 도입된 뒤 개인적으로 건약을 접할 기회가 줄어들면서 가끔 이런저런 통로를 거쳐 건약이 하는 일을 듣게 됐다. 주로 의약품 관련 안전성이나 접근권에 관련된 활동이었다. 이 책에 실린 이야기들도 그때 벌인 활동을 정리한 결과물이라고 생각한다.

지금 되돌아보면 2000년대 초반 건약은 운동 단체라는 정체성을 고민하면서 해체론까지 나오는 등 활동 전망을 둘러싸고 치열하게 논의했다. 그런 사실을 알고 있는 나는 이 책을 읽고 우리 사회에서 건약만이 할 수 있는 일이 분명 있다는 사실을 다시 깨달았다. 의약품 관련 보건 의료 문제에 관심 있는 사람들에게 이 책을 권한다.

김용익(전 국민건강보험공단 이사장, 전 서울대학교 의과대학 교수) 드림

건강사회를 위한 약사회, 약을 말하다

1.

여기 한 알의 약이 있다. 미국 거대 제약 회사 머크가 생산한 바이옥스다. 1999년 출시돼 한국에서도 2000년부터 먹기 시작한 진통제다. 위장 장애가 없는 획기적인 진통제로 알려져 한때 회사 전체 매출의 11퍼센트를 차지했지만, 2004년 전면 퇴출됐다. 바이옥스를 복용한 환자가 심장 마비와 뇌졸중을 일으켜 사망한 사건이 일어난 탓이었다. 효능이나 효과가 비슷한 약을 죽음까지 각오하고 먹을 수는 없었다.

이 사건을 계기로 의약품 안전성이 중요한 사회 문제로 떠올랐다. 바이옥스는 약은 독의 다른 말이라는 사실을 증명한 사례의 하나다. 다른 약들에 견줘 짧은 기간 역동적인 삶을 살다가 사라진 제품이라 지금도 자주 회자된다. 1960년대 탈리도마이드 사건으로 의약품 안전성이 문제가 된 뒤 임상 시험이 엄격하게 강화되면서 의약품 안전성 관리가 어느 정도 자리 잡은 상태라고 여겨지던 때라 충격이 더 컸다.

바이옥스는 건강사회를 위한 약사회에도 영향을 미쳤다. 칭송받던 신약의 안전성 문제, 제약 회사가 벌이는 마케팅 문제, 마케팅에서 파생된 전문가와 제약 회사 사이의 문제, 한국의 의약품 안전 관리 실태에 관한 문제 등 그 뒤 발생한 의약품을 둘러싼 여러 사회적, 경제적, 구조적 문제를 함축하고 있기 때문이다. 특히 1990년대부터 쏟아지기 시작한 거대 신약의 위험성을 예고한 사건이기도 하다.

2.

건강사회를 위한 약사회는 1987년 6월 항쟁이라는 격변기에 같은 뜻을 품고 모인 약사들과 그 뒤 약대를 졸업한 젊은 약사들이 1990년에 만든 모임이다. 이름에서 알 수 있듯이 건약은 약에 관련한 다양한 현장에 촉각을 곤두세우고 있다.

약은 많은데 약을 받지 못하는 환자들이 있는 곳과 북한이나 이라크 등 재난과 재해 지역 대상 기초 의약품 지원, 생명과 건강을 볼모로 돈벌이에 혈안이 된 제약 회사와 의약품 안전 관리를 책임지고 약값을 매기는 정부 기관 감시, 의약품 정책을 미국이나 유럽 제약 회사들에 의존하게 될 에프티에이 반대 현장 등.

3.

다시 바이옥스로 돌아가면, 이 약은 출시되자마자 전방위적 마케팅을 발판으로 비싼 값에 판매됐다. 바이옥스는 특허 보호를 받는 제품이라 전세계에서 똑같은 값을 매긴 탓에 미국과 유럽, 아시아의 몇몇 잘사는 나라에서만 판매됐다. 그러나 값이 비싼데도 효능이나 효과는 값싼 약하고 다르지 않은데다 환자가 사망까지 하자 위험한 약으로 판명돼 얼마 못 가 사라졌다. 앞으로 나올 진통제는 어떤 위험이 있더라도 비싼 값에 팔린다는 사실만 확인시킨 채.

의약품 시장은 20여 년 전부터 특허 보호를 명분으로 전세계 동일 가격 정책이 강요되고 있다. 모든 특허 약이 완전히 새로운 치료제가 아닌데도 특허는 본래 의도인 정보 공개 의무를 넘어 독점 생산과 독점 가격을 보호하는 제도로 발전했다. 의약품을 둘러싼 사회적 논란에는 이렇게 지나친 보호를 받는 특허 문제가 늘 얽혀 있다.

만성 골수성 백혈병 치료제인 노바티스의 글리벡, 에이즈 치료제인 로슈의 푸제온, 2010년 전세계를 강타한 신종 플루 치료제인 로슈의 타미플루 등이 특허를 앞세운 값비싼 독점 공급이 불러온 폐해를 보여 주는 사례다. 꼭 필요한 환자에게 안정적으로 공급되기까지 온갖 우여 곡절을 겪은 사연 많은 약들이다.

의약품은 다른 공산품하고 다르게 정확한 정보를 바탕으로 소비돼야 한다. 개별 제품에 관한 정보가 지닌 가치는 300만 원짜리 텔레비전보다 500원짜리 고혈압약이 더 높을 수 있다. 약국 2만여 곳과 병의원 3만여 곳, 인터넷은 이런 정보 욕구를 충족시키는 데 양적으로 부족하지 않다. 정보 홍수 속에서 건약은 '진짜 약 이야기'를 하려 한다. 넘치는 정보를 재구성해 약을 둘러싼 사회적 토론을 자극하고 폭넓은 공감대를 형성하려 한다. 바이옥스, 글리벡, 푸제온, 타미플루 이야기는 새롭지 않다. 이미 많이 알려진데다가 약을 둘러싼 사회적 논란도 모두 거쳤다. 앞으로 살펴볼 또 다른 약 이야기들도 우리가 모르던 비밀이 아니라 지금껏 외면하거나 덜 알려진 사실일 뿐이다.

4.

텔레비전을 틀면 일상생활에서 어떻게 운동해야 하는지, 몸무게를 줄이고 만성 질환을 예방할 수 있는 먹을거리는 무엇인지 친절하게 알려준다. 유명 걸 그룹 멤버가 효과를 본 다이어트 식단을 분석한 기사가 포털 사이트 메인에 올라오면 '이걸 먹고 어떻게 살아요?' 같은 경탄과 숭배가 담긴 댓글이 꼬리를 문다. 대부분 직장 다니고 아이 돌보고 집안일도 해야 하는 보통 사람들은 이런 시도를 거의 할 수 없다. 그런데도 멋진 몸매와 건강을 향한 열광은 강박증처럼 번지고 있다. 뚱뚱한 사람은 건강을 돌보지 않고 자기 관리도 못하는 무책임하고 무능력한 존재로 매도된다. 그래서 사람들은 적어도 '표준'을 유지하려 애쓰는 모습을 남들에게 보여주려 뭔가를 해야만 한다.

아름답고 건강한 몸을 유지해야 한다는 강박에 시달리다 보면 점점 평범한 몸에 만족할 수 없는 지경에 이르게 된다. 끊임없이 내 몸을 관찰하고 기능을 점검하며, 바비 인형을 닮은 외모라는 불가능한 기준에 얼마나 가까워지고 있는지 살핀다. 어떤 학자들은 이런 현상을 가리켜 '바디 붐'이라 부른다. 이 말은 몸 관리가 유행할 뿐 아니라 몸이 어느 때보다도 더 많은 관심을 받고 있는 현실을 가리킨다.

이런 현실에는 약이 매우 큰 자리를 차지하고 있다. '운동만으로 어려운 경우'라는 전제를 달기는 하지만, 우리 사회는 은연중에 건강을 좋게 하고 살을 빼는 데 약을 쓰라고 권한다. 사람들은 효과가 뛰어나다는 약(또는 건강 기능 식품) 광고에 손쉽게 현혹된다. 약(또는 건강 기능 식품)을 먹는 모습이 나태하지 않고 능력 있는 사람으로 바뀌려는 노력으로 보이기 때문이다. 우리는 이런 현상 속에 숨어 있는 두 가지 측면을 강조하려 한다.

첫째, 우리의 모든 일상은 점점 더 의약품에 통제되고 있다. 우리는 태어나자마자 예방 접종을 받고 대부분 마약성 진통제가 섞인 수액제를 꽂은 채 죽음을 맞는다. 또한 아동 성폭력 범죄자 등을 대상으로 화학적 거세를 도입한 사례처럼 심각한 사회 문제도 약물에 의존해 해결하려 한다.

둘째, 약물 사용은 사회 변화에서 비롯된 요구일 뿐만 아니라 그런 변화를 촉진한 사회적이고 정치적인 행위다. 여성의 사회 활동 참여율이 높아지면서 아이나 병든 부모를 돌보던 여성은 이제 더는 집안에 없다. 아이가 열이 나고 아파도 많은 부모들은 해열제를 손에 든 아이를 어린이집에 맡길 수밖에 없다. 그런데 이렇게 여성의 사회 진출이 활발해진 중요한 계기도 의약품에서 찾을 수 있다. 여성들은 피임약이 개발돼 출산을 조절할 수 있게 됐고 성적 행위에 따르는 임신 위험에서 자유롭게 됐다.

약과 사회 변화의 쌍방향 관계를 극적으로 보여주는 또 다른 예가 정신과 약이다. 정신분열증(조현병)은 매우 심각한 정신 질환이다. 약이 없던 시대에 정신분열증(조현병) 환자는 온몸으로 물리적 고통을 감수해야 했다. 격리 병동에 갇히고 고문에 가까운 전기 요법이나 뇌 절제술을 받았다. 정신분석학이 등장하면서 오랜 기간에 걸친 상담과 분석이 치료법이 되기도 했다. 그러나 치료제가 개발되자 단숨에 상황이 바뀌었다. 약을 쓰면 환자는 금방 얌전해졌고, 가족은 훨씬 덜 고통받았으며, 긴 시간 동안 환자를 상담하면서 진을 빼던 의사도 처방전 하나로 문제를 해결할 수 있게 됐다. 당연히 정신과 약 시장은 크게 팽

창했다. 사회 변화는 다른 욕구들을 만들어냈고, 사람들이 해결책으로 선택할 수 있는 여러 수단 중에서 약은 절대 우위를 차지했다.

건강사회를 위한 약사회는 이런 현상이 옳거나 그르다고 섣불리 평가하려 하지는 않는다. 더군다나 이 모든 일이 거대 제약 회사가 부린 농간이라고 주장할 생각도 없다. 우리는 외모가 아름답고 성적이 좋은 사람은 지나친 보상을 받고 그렇지 않은 사람은 손해 보는 사회에 산다. 거대 제약 회사는 이런 사회적 욕망을 낚아채 사람들을 더욱 아름답게 만들고 더 잘살 수 있게 도울 뿐이라고 말한다. 의약품은 아름답고 멋진 몸을 만들고 기능을 향상시키는 강력한 힘을 지닌 생물학적 기술로서 핵심적인 구실을 해왔다.

5.

건강사회를 위한 약사회는 그동안 의약품 안전성과 접근권을 향상시키는 다양한 활동을 벌였다. 우리는 그런 활동을 하면서 마음속에 떠오르는 여러 의문에 답해야 했다. 이를테면 '사람들이 안전성을 충분히 검증하지 못한 약을 쓰고 싶어하면 어떻게 해야 할까?' 같은 의문이었다. 여드름 없애는 피임약으로 알려진 다이안느에 문제를 제기하면서, 우리는 약 만드는 제약 회사가 아니라 약 처방하는 의사와 약 사용하는 환자들이 보낸 항의에 부딪혔다. 그동안 편하게 쓴 약인데 있을지 없을지도 모를 '작은' 위험까지 물고 늘어지면 어쩌자는 말이냐는 반응이 많았다. 또한 치료하는 데 꼭 필요하지만 너무 비싼 약에 건강보험을 적용하라고 요구하는 의약품 접근권 활동은 제약 회사에 이익이 되지 않느냐는 오해도 받았다.

약이 필요한 사람은 사회적 차별과 경제적 제약 없이 약에 접근할 수 있어야 한다는 건약의 신념은 변함이 없다. 그러나 한편으로는 무엇이 '필요한' 약인지를 고민해야겠다는 생각이 들었다. 우리는 그런 문제를 함께 풀려 한다. 그렇게 하려면 우리가 약을 사용하는 상황, 그리고 약에 깊숙이 관련된 우리 삶의 면면을 먼저 되돌아봐야 한다. 어쩌면 우리가 일상에서 사용하는 많은 의약품의 깊숙한 밑바닥에는 건강이나 질병이 아닌 다른 요소가 있을지도 모른다.

건강이라는 구호 뒤에 숨어 있는 여러 사회적 관계와 가치를 알아봐야 한다. 비만, 발기 부전, 성장기 어린이의 키 성장과 주의력 결핍 등에 관련된 논란에는 여성, 남성, 성공하는 사람들의 사회적 전형과 그런 전형을 요구하는 사회적 구조가 자리 잡고 있기 때문이다. 이런 구조가 지속되는 사회에서 의약품 접근권을 향상시키라거나 안전성이 보장되지 않은 약은 사용하면 안 된다는 구호는 현실에 동떨어져 사뭇 생뚱맞은 비판처럼 보일지도 모른다. 우리는 무지해서 약을 남용하는 순진한 피해자가 아니라 안전하지 않다는 사실을 알면서도 약을 먹는 암묵적 공모자이기 때문이다.

약은 우리의 건강과 생명에 필수적이다. 약을 잘못 사용하면 우리는 건강과 생명에 치명적인 영향을 받는다. 그래서 우리는 모두 약을 적절하고 올바르게 사용하는 법을 배워야 한다. 인터넷에 정보가 넘쳐나고 약국과 병의원이 가까이 있지만, 막상 필요한 정보를 구하기는 쉽지 않다. 아이가 열이 오르고 오한이 나서 해열제를 먹고 토할 때 평범한 부모는 어떻게 해야 할지 몰라 당황한다. 이 약 저 약이 서로 최고라고 목소리를 높이면 가장 좋은 약을 선택하고 싶은 나는 어떤 정보를 믿어야 할지 혼란스럽다.

6.

몇몇 의약품을 자세히 다루지만, 그렇다고 이 책의 목적이 의약품 사용에 관한 지식을 직접 전달하는 것은 아니다. 의약품을 사용할 때 어떤 정보가 필요하며, 이런 정보를 확인하고 가려내는 데 어떤 기준을 사용해야 하는지에 관한 내용을 더 중요하게 담았다. 약사와 의사는 내게 무엇을 알려줘야 하고 나는 약사와 의사에게 무엇을 물어야 하는지에 관한 이야기들이다. 그리고 그런 과정에서 나와 전문가가 형성하는 관계, 질병과 약에 관련된 내 인식이 하는 작용을 중요하게 다루고 있다.

한 개인의 삶과 건강이, 더 나아가 우리 사회의 건강성이 약에 압도되지 않고 의약품이 건강한 삶을 위해 사용되는 데 이 책이 도움이 되기를 바란다. 건강한 개인과 건강한 사회에 약이 어떻게 이바지해야 하는지, 건약이 나누려 하는 '약 이야기'는 무엇인지, 약을 통해 바라본 세상은 어떻게 바뀌어야 하는지 함께 고민하는 계기가 되기를 바란다.

1부

삶과 약

늙지 않고 나이 들 수 있을까

안티에이징 산업과 노화 방지 의약품

직장인 박한동(가명·50세) 씨는 요즘 한숨만 나온다. 일찌감치 이사 자리에 올랐지만 어느 날 거울 앞에서 앞머리가 훤하게 벗겨지고 눈가와 입가에는 굵은 주름이 자리 잡은 낯선 중늙은이를 마주했다. 그렇다고 건강이 나빠지지도 않았다. 체력이 떨어진다고 생각한 40대 초반부터 꾸준히 운동을 했고, 좋다는 음식과 보약도 남 못지않게 먹었다. 박 씨는 '젊음을 되돌릴 수만 있다면 무슨 짓이든 할 수 있겠다' 싶었다.

늙어 보이지 않는 일이 중요해지면서 '안티에이징' 산업이 떠올랐다. 식품, 의약품, 화장품, 성형, 특정한 문화적 삶의 방식을 주도하는 라이프스타일 산업까지 안티에이징 분야는 다양하다. 항노화로 번역할 수 있는 안티에이징은 새로운 개념이 아니다.

오래전부터 불로장생은 모든 사람의 소망이었다. 고대 이집트에서는 올리브 잎 같은 식물을 안티에이징에 사용했고, 중국과 인도에서도 불로초로 불린 식물들이 있었다. 그러나 안티에이징은 무엇보다도 항노화 효과가 있다고 주장하는 상품들이 출시되면서 본격 유행했다. 제품 보고서에 따르면 안티에이징 관련 상품은 건강 유지와 증진용 제품과 외모 개선용 제품으로 크게 나뉜다. 건강 유지와 증진용 제품은 노화에 관련된 질병을 예방하고 치료하는 의약품과 건강식품이고, 외모 개선용 제품은 피부 관리 제품이나 모발과 기타 관리 제품이다.

미국 시장 조사 기관인 프레시언트앤스트래티직 인텔리전스는 안티에이징 산업의 세계 시장 규모가 2030년에 약 500조 원까지 성장한다고 예상한다. 2019년 세계 시장 규모는 225조 원이었다. 이 거대한 시장은 다국적 제약사와 화장품 회사, 스타트업이 주도하고 있다.

60분만 노력하면 주름 많은 얼굴이 팽팽하고 아름다운 피부로 다시 태어난다는 광고가 넘쳐난다. 미국의 어느 유명 여배우가 전신 성형을 한 뒤 보통 사람은 상상하기도 힘들 정도로 젊은 연인을 만나 결혼한 뉴스가 흥미를 돋운다. 실베스터 스탤론은 〈람보 4〉를 촬영하기 전에 진트로핀이라는 성장 호르몬 주사를 맞고서는 인터뷰에서 이런 말을 한다.

"늙을수록 뇌하수체 분비가 잘 안 돼요. 그럼 늙었다는 생각이 들면서 골수도 줄어들죠. 이 주사를 맞으면 내 몸이 커지고 좋아진다고 느껴요. 람보가 되는 일은 매우 힘든 일이에요."

이런 이야기는 호기심을 자극한다. 늙지 않으려는 노력을 일에 헌신하고 사랑을 얻으려는 열정으로 묘사하기 때문이다. 미디어는 늙지 않고 젊은 모습이 아름답고 바람직하다고 선전한다.

안티에이징 문화는 세계화에 관련된다. 첫째, 첨단 안티에이징 제품을 개발하고 판매하는 곳은 대부분 다국적 기업이다. 다국적 기업들은 발병을 예측하기 힘든 질병이나 약값을 치르기 어려운 가난한 환자들에게 필요한 약보다는 누구나 맞이하는 노화를 막아준다는 비싼 제품을 기꺼이 살 부유한 선진국 사람들을 위한 약이 더 많은 이윤을 남긴다는 사실을 이미 오래전에 간파했다. 둘째, 안티에이징 제품은 세계화로 상징되는 노동 유연화와 보수적 가치에 부합한다. 늙는다는 것은 노동 시장에서 고용될 가능성을 낮추고, 육체와 정신이 노쇠해지고, 상징적 권력을 상실하는 퇴행으로 여겨진다. 따라서 안티에이징 제품을 사용하면 고용 시장에서 건재한 사람이 되고, 아름답고 바람직한 사람이자 육체와 정신 면에서 모두 능력을 지닌 존재라는 사실을 과시할 수 있게 된다. 이런 관점은 노인 비하나 외모 차별 같은 사회 문제를 은연중에 드러낸다. 이런 사회 문제를 안티에이징 산업은 약으로 해결할 수 있다고 암시한다. 모든 사람이 젊고 아름다워지면 되니까.

독립적으로 살아가려면 건강은 필수 조건이고 노동 시장에서 젊어 보이는 외모는 중요한 경쟁력이 되기 때문에 안티에이징 제품은 노인들 입맛을 끊임없이 자극한다.

늙는다는 것, 건강, 에이지즘

은퇴 나이가 빨라지고, 의료비가 치솟고, 고령 인구가 늘어나면서 생산 가능 인구 대비 부양 인구도 많아지고 있다. 이런 현상은 미국, 캐나다, 영국, 일본 등 선진국이 공통으로 겪는 문제로, 한국도 마찬가지다.

노령 인구 증가와 노인 차별은 관계가 밀접하다. 로버트 버틀러가 만든 '에이지즘ageism'이라는 용어는 노인 차별과 노령화에 따른 사회 변화를 일컫는다. 1960년대와 1970년대 사회운동이 인종 차별racism과

여성 차별^{sexism}에 맞선 항거라면, '에이지즘'은 노인과 노화에 편견을 드러내는 사회를 고발한다.

다른 차별처럼 노인 차별도 가족의 사랑 같은 관계의 변화, 제도 문제와 정책 차원의 해결책을 제시할 수 있다. 그렇지만 효율성이 중요시되는 시대에 노인들은 사회적 효용은 크지 않으면서 비용이 드는 집단으로 여겨진다. 이런 자리에 있는 노인들이 자기의 권리와 가치를 주장하기란 쉽지 않다.

안티에이징 제품은 노인 차별 문제를 개인 수준에서 손쉽게 해결할 수 있다고 주장한다. 광고에 나오는 안티에이징 제품들은 심장질환, 류머티즘, 치매, 발기 부전, 골다공증, 피로 등을 예방하고 치료하는 '만병통치약'으로, 마치 사회적 모순과 불평등, 부조리까지 해결해줄 듯한 인상도 준다. 그리고 의약품을 통한 해결책이 유행하고 성공하려면 노인을 향한 편견을 없애기보다 오히려 강화하는 편이 훨씬 효과적이다. 노인과 노화를 혐오할수록 개인은 거기에서 벗어나려고 필사적으로 노력할 테고, 그 노력은 더 강력한 도덕률로 자리잡게 된다.

성공적인 노화란 무엇일까? 노인은 정신도 육체도 나쁜 상태일까? 우리는 자기 의지에 따라 안티에이징 제품에 열광하고 있을까? 그리고 늙지 않고 나이 드는 일은 정말 가능할까?

주름 펴 드립니다

못생긴 여성? 그 참을 수 없는 무능력

메릴 스트립이 주연한 〈철의 여인〉이라는 영화가 있다. 1979년 영국 최초 여성 총리에 오른 마거릿 대처의 일대기를 그린 영화다. 보수당을 이끈 마거릿 대처는 총리로 재직한 11년 동안 강력한 정부를 상징했고, 공기업 민영화 같은 경제 정책을 추진해 영국 자본 시장과 국가 발전에 공이 큰 인물로 평가받는다. 강력한 권력을 가진 '철의 여인'이고 역사상 가장 성공한 여성 중 하나지만, 마거릿 대처의 개혁은 계층 간 빈부 격차가 커지고 실업자를 양산하며 신자유주의의 실패를 상징하기도 한다.

이 영화는 치매에 걸려 환상에 빠진 여든일곱 초라한 노인을 보여주며 시작한다. 한때는 제국을 호령한 철의 여인이지만 지금은 나약한 노인으로 보이는 대처의 모습이 충격으로 다가온다. '여성 총리' 대처와 '여성 노인' 대처. 영화는 '여성 총리' 대처를 뚝심 있고 자신감에 가득 찬 강력한 이미지로 묘사한다. 그러나 '여성 노인' 대처는 정서적으로 무너져 있고 삶은 힘겨워 보여 연민을 불러일으키는 존재다.

1960~1970년대 이른바 68혁명을 거치면서 사회적 약자이던 여성은 이전 세대보다 영향력이 훨씬 커졌다. 서구 사회에서 대처는 여성의 높아진 위상을 보여주는 대표적 인물이다. 그렇게 한 시대를 풍미한 강력한 지도자는 영화 속에서 의지할 남편도 없는 노인으로 '전락'한 듯 보인다. 마거릿 대처는 '성공'한 여성이지만 이 사회에서 여성이 온전히 능력만으로 인정받기란 여전히 쉽지 않다.

능력은 사회가 가치 있다고 여기는 것들을 획득할 수 있는 잠재력이다. 따라서 사회가 가치 있다고 여기는 것들이 변하면 능력의 의미도 바뀐다. 이를 테면 외모가 그렇다. 남성보다 여성이 아름다움에 더 관심이 많고 실제로 훨씬 아름답다는 인식이 지배적이다. 그러나 동물은 암컷보다 수컷이 더 화려하고 아름다운 사례가 많다. 수컷 공작의 화려한 깃털이나 수사자의 갈기, 수사슴의 화려한 뿔 등 왜 동물은 수컷이 더 화려할까? 동물 사회에서 수태와 출산은 가장 중요한 가치라서 수컷이 암컷의 선택을 받으려면 자기가 다른 수컷보다 더 좋은 유전자를 지닌 사실을 증명해야 하기 때문이다.

동물 사회에 견줘 인간 사회에서 여성이 남성보다 외모에 더 신경 쓰는 이유는 권력 구조의 정점에 남성이 있기 때문이다. 근대 이전 가부장제 사회에서 여성은 남성에게 성적 쾌락을 제공하는 시각적 대상이자 소유물이라는 인식이 대세였다. 그런 인식은 여성이 자기 외모를 어떻게 남성에게 원초적으로 '어필'하는지에 관심을 두게 만들었다.

잘생기고 예쁘다는 기준은 사회와 문화의 흐름에 바탕을 두기 때문에 시대에 따라 자연스럽게 바뀐다. 조선 시대 양반 문화에서 길게

뻗은 '롱다리'는 다리품을 팔아먹을 상민의 모습이었지만, 지금은 부러움을 사는 대상이다. 나아가 8등신을 이상적으로 여기던 시대를 지나 요즘은 8.5등신, 심지어는 9등신을 이상적인 신체로 생각한다. 점점 더 평균 키가 커지고 얼굴이 작아지기 때문이다. 작고 갸름한 얼굴과 오뚝한 코가 요즘 사람들이 바라는 얼굴형이다.

변하지 않는 사실은 우리 사회가 미의 기준과 그 기준에 따른 평가를 거쳐 미적 가치를 위계화하고 재생산한다는 점이다. 이런 현실은 매우 정치적이다. 여성의 아름다움을 규정하는 방식과 여성이 아름다움에 집착하게 만드는 시스템이야말로 그 사회의 권력 구조를 반영한다. 오늘날 여성의 외모는 '이성애자 비장애인 백인 남성'의 기준과 미학에 중심을 두고 있어서 다양성과 역동성은 가치를 인정받기 힘들다. 사람들은 하얀 피부, 날씬하면서도 굴곡 있는 체형, 작은 얼굴, 참하면서도 지적인 분위기, 세련된 패션 감각 등을 갖춘 여성을 선호한다.

《파이낸셜 타임스》는 관리직과 전문직 분야에서 여성이 남성의 비중을 앞지르며 미국 노동 시장에서 여성 우위가 열린다고 점치기도 했다. 여성 지위는 점점 높아지고 '우먼 파워'도 형성됐다. 먹고사는 문제에서 벗어나 삶의 질을 개선하려는 고민도 생기기 시작했다.

여성이 외모에 쏟는 관심은 낮아지기는커녕 오히려 더 높아지고 있다. 여성이 사회에서 성공하는 데 필요한 중요 결정권을 여전히 남성이 독점하고 있기 때문이다. 주류 사회의 정점을 차지한 '이성애자 비장애인 백인 남성'에게 호감을 줄 수 있는 조건을 갖추려 한다. 이 조건을 충족하지 못하면 여성의 성공 가능성은 매우 희박해지고, 사회적으로 무능력한 존재로 해석한다. 안티에이징 사회의 여성 노인이라면 더욱 그럴 수밖에 없다. 여성은 더욱더 외모에 집착하게 되고, 늙어 보이지 않게 노력하라며 내몰리고 있다.

"나도 저렇게 되고 싶단 말이야!"

미적 기준은 주류 남성들이 만들지만, 외모 이야기는 정작 여성이 맘껏 하며, 욕구를 충족할 다양한 수단을 개발하고 판매하는 일은 여성 권력의 성장에 의존한다. 예전에는 여성이 젊은 남성의 몸에 관해 이야기하는 일은 품위 없는 행동으로 여겨 금기시했다. 여성들이 '꽃미남' 스타에 열광하는 문화는 예전에는 평범한 일이 아니었다. 남성을 '꽃'으로 부르는 현상은 여성 직장인을 '꽃'으로 부르던 현실을 전복했고, 여권 신장을 보여준다고 해도 틀리지 않다. 여성이 가슴을 강조하고 짧은 치마로 엉덩이를 노출하는 모습도 더는 상스럽게 치부되지 않는다. 외모에 관심을 쏟고 투자하고 몸매를 가꾸는 일은 기성 권력 체계에 순응하는 동시에 저항하는 행위다.

여성의 경제 능력이 향상되면서 여성의 욕망도 사회적으로 중요하게 다뤄진다. 외모를 향한 여성의 갈망을 놓칠 리 없는 제약 산업은 이 분야에 적극적으로 뛰어들어 이런 욕망에 복무할 아름다움을 가꿀 '명약'들을 만들었다. 주사 한 방이 자글자글한 주름을 말끔히 펴고 말더듬증도 고칠 뿐만 아니라 편두통과 요실금 치료 등 마흔 가지가 넘는 효과를 낸다면 '명약'이라 불러야 한다. 어느 날 의사나 약사들이 보는 의학 전문지에 이 '명약'이 모습을 드러냈다. 광고 속 전신사진에는 머리부터 발끝까지 이 '명약'이 작용하지 않는 데가 없었다. 바로 보톡스로 불리는 '보툴리눔 독소' 주사다. 보톡스는 제약사 엘라간이 만든 상표명이다. 필러나 안면 거상술, 울세라 등 주름을 없애는 시술이 유행하고 있지만, 보톡스라는 주사제가 지닌 간편함이나 극적 효과는 여전히 매력적이다.

보툴리눔 독소 제제의 세계 시장 규모는 2023년 기준 8조 원을 넘어섰고, 연평균 13퍼센트 넘게 성장한다고 예측됐다. 2023년 국내 시장 규모는 2000~2500억 원으로 추정하고 있다. 이전에는 특별한 사람들이나 하던 성형 시술이 이제는 아주 일반적인 일이 되고 있다.

성형의 정상화와 할머니의 비정상화

성형 수술에 거부감을 느끼는 사람들도 '시술'에는 관대한 사례가 많지만 보톡스 같은 주름 시술을 대하는 태도는 일관되지 않다. 한 연구에 따르면 보톡스 주사를 맞은 여성들은 젊어지려는 노력이라고 여기면서도 이런 노력을 하지 않는 여성들에게 더 호감을 보인다고 한다. 여성들의 이런 이율배반적 태도는 나이가 들면서 더 강해진다는 연구 결과도 있다. 젊은 여성보다 나이 든 여성이 다른 여성들이 하는 주름 시술에 더 부정적이다. 자연스럽게 젊음을 유지하는 상태가 가장 좋지만, 그렇지 않다면 과학의 힘을 빌려서라도 젊음과 아름다운 외모를 갖고 싶어한다.

과학 기술은 건강하고 아름다워지려는 욕망을 충족시키며 발전했다. 그 과정에서 사회적 약자들이 더 강한 힘을 얻기도 했다. 그런 의미에서 의약품은 가치 중립적이지 않다. 의약품을 포함한 과학기술 산물들은 아주 은밀하고 교묘한 방식으로 한 사회의 규범을 형성하고 만연시키며, 때로는 사회를 통제하는 수단이 되기도 한다.

보톡스는 통조림 속 내용물을 부패시키는 클로스트리디움 보툴리눔이라는 세균이 분비하는 독소다. 신경 전달 물질의 전달을 막아 근육을 움직이지 못하게 하거나 이완한다는 사실이 알려지면서 이 독소는 의료 행위에 사용됐다. 눈 주변 근육에 경련이 일어나 비정상적으로 눈을 깜빡거리거나 눈이 굳게 닫혀 뜨기 어려운 질환인 안검 경련이나 사시, 소아마비 환자에게 강직에 따라 생기는 기형으로 관절이 비정상적 형태로 굳어 발이 발바닥 쪽으로 구부러져서 발꿈치가 땅에 닿지 않는 첨족 기형에 쓰는 약이었다.

시간이 지나자 눈가 주름이나 팔자 주름 등 얼굴 주름을 펴는 시술에 쓰는 일이 더 늘었다. 더 나아가 사각턱 시술이나 매끈한 각선미를 만드는 데 쓰인다. 휴젤, 메디톡스, 대웅제약, 휴온스 등 국내 회사와 엘러간, 입센, 애브비 등 외국계 회사까지 11개 회사가 29개 품목을 허가받아 판매하고 있다.

질병이나 사고로 신체가 변형되거나 태어날 때부터 타고난 신체 변형 때문에 정신적 고통을 겪을 수 있다. 새로운 의학 기술은 이렇게 신체 변형을 치료하면서 정신적 문제까지 치유할 수 있다. 성형 의학이 지닌 가치는 그 정도로 충분하다. 그러나 성형 의학은 거기에 멈추지 않고 있다. 성형 의학 기술에 기꺼이 돈을 지불하려 하는 사람이라면 신체 변형이 있든 없든 누구나 환영한다. 이전에는 아무렇지 않던 노화도 이제는 신체 변형이나 신체 변형에 따른 정신적 고통으로 선전되고 받아들여진다. 자연스럽게 늙어가는 우리 할머니들을 비정상으로 만드는 사람은 누구일까.

누가 남자를 '일으키는가'

가장의 지위를 회복해드립니다

"애들은 가라, 애들은 가! 자, 아주머니 아저씨들, 내 얘기 한번 들어봐. 날아가는 새가 왜 떨어져? 다 정력이 부족해서 그래! 뼈가 부서지게 돈 벌어다 집에 가져다 바쳐도 구박받고 대접 못 받는 아저씨들, 이 약 한 번 잡솨봐. 아침 밥상이 달라져!"

어릴 적 정력에 좋다는 약재나 묘약을 파는 시장에서 빠짐없이 등장하던 단골 '멘트'다. 비아그라가 시판된 뒤부터 이런 풍경은 보기 힘들어졌다. 남성의 성적 능력을 높이고 가장 지위를 회복하게 해준다는 시장 통 기적의 약이 하던 일을 바로 비아그라가 하고 있기 때문이다.

실데나필이라는 성분으로 제조한 비아그라는 1998년에 상품화돼 주요한 발기 부전 치료제로 쓰였다. 그 뒤 시알리스나 레비트라 등 후속 제품들이 나오면서 비아그라는 발기 부전 시장의 효시이자 상징이 됐다. 2012년 비아그라 관련 물질 특허가 끝나 한국은 물론 세계적으로 복제약이 봇물 터지듯 쏟아지면서 시장 규모는 더욱 커졌다.

그동안 현대 의학의 발전은 항생제와 당뇨약 같은 치료제 개발에 전적으로 의존했다. 대표적으로 페니실린은 난치병으로 여겨진 폐렴이나 매독 등을 치료하고 2차 대전에서 부상당한 병사들의 목숨을 구하면서 생의학이 질병 치료에 가장 강력한 도구라는 사실을 설득하는 데 성공했다. 급성 질환 시대가 끝나고 만성 질환 시대가 왔다. 당뇨 같은 난치성 질환을 관리하는 인슐린 같은 약은 만성 질환에 시달리는 끔찍한 삶이 끝나기만을 기다리던 사람들에게 희망이었다. 그런데 20세기 말 다국적 제약사인 화이자가 개발한 비아그라는 난치성 질환 치료제가 아니다. 일상에 의학이 개입한 사례의 결정판이라 할 수 있다. 왜 비아그라는 1960년대가 아니라 20세기 말에 등장했을까?

여성의 몸에서 남성의 몸으로

비아그라가 등장하기 전 의학이 일상에 개입한 사례는 주로 여성의 몸에 집중됐다. 여성의 성욕을 통제하고 출산에 적합한 몸으로 조절하는 데 초점을 뒀다. 비아그라는 남성과 남성의 몸을 향한 관심이 공공연히 드러나는 계기가 됐다. 피임약이 발명되면서 여성의 욕망이 공론화될 때도 성관계에서 필요한 능력에 '표준'이 존재한다고 여겨지는 않았다. 물론 이전에도 정력을 둘러싼 전설들이 떠돌았고, 시대마다 다양한 방식으로 남성의 정력을 강화하려는 '약'도 은밀하게 존재했다. 서구 사회에서는 최음제가 그런 약이었다. 한국에서도 그런 약들이 내세운 판매 전략은 남성 건강 증진을 말하면서 성적 능력을 암시하는 방식이었다.

현대 사회에서 아버지, 가장, 남편 노릇을 제대로 하기란 쉽지 않다. 부부와 미혼 자녀 중심인 생활양식이 널리 퍼지면서 조부모 세대까지 아우르는 가족 개념은 사라졌다. 또한 여성의 교육 수준이 높아지고 사회 진출도 늘어나면서 양성 평등 관계를 요구하는 목소리가 커졌다. 남성들은 자기를 양육한 세대하고 전혀 다른 사회문화적 맥락과 관계 문제에 봉착했다. 가부장적 가족 관계와 상명하복의 군대에 영향을 받은 가치관과 남성을 둘러싼 맥락의 변화가 괴리를 빚고 있다. 남성들은 이제 자연스럽게 주어지던 지배의 자리가 아니라 자기 자신이 가정에서 어떤 가치를 가지는지 설득해야 하는 상황에 놓였다.

사회문화적 문제들은 진단도 어렵고 해법도 어렵다. 매우 구조적인 문제라서 개인의 힘으로 어떻게 해볼 도리가 없기 때문이다. 남성들은 이런 변화에 적응하려고 자상한 아버지, 협조 잘하는 남편, 능력 있는 가장으로 끊임없이 자기를 계발해야 한다. 그렇지만 사회 구조가 원인인 문제들은 개인의 노력만으로 쉽게 해결할 수 없고, 가족 사이에는 늘 갈등이 생기기 마련이다. 그럴 때 해결책을 개인에게 넘기고 '남자' 문제로 환원하면 문제는 매우 단순해진다.

이 사실은 근대 의학의 본질하고 관련이 깊다. 근대 의학 이전의 전통 의학은 한의학적 세계관하고 비슷하게 전체가 조화로운 상태를 유지하는 목표를 지향했다. 이런 상태는 몸 전체뿐만 아니라 사람과 자연, 또는 우주의 조화에 연관된다. 반면 근대 의학은 기계론적 사고에 바탕한다. 기계론적 사고는 우리 몸을 여러 부품이 모인 기계처럼 취급한다. 각 부품이 각자 맡은 일을 잘 처리하면 전체 기계 기능에 문제가 없지만, 부품이 고장 나 기능에 문제가 생기면 고장 난 부분을 찾아 고쳐야 기계가 다시 제구실을 한다는 관점이다. 이런 관점은 질병 치료뿐 아니라 우리가 살아가는 방식과 문제를 사고하는 데 영향을 미쳤다.

시장에서 파는 뱀이나 해구신을 대체하면서 비아그라는 현대 과학 지식의 총아를 상징하듯 등장했다. 정력을 향한 욕구를 자본주의적 형태로 세련화한 제품으로, 과학 실험을 거쳐 개발되고 표준화된 생산 방식으로 만들어진다. 비아그라는 남성다움과 가장의 권위를 동일시한다. 향상된 성 기능이 사라진 권위를 다시 '일으켜'주리라는 기대에 현대 의학이 응답한 결과다. 사람들은 의사를 찾아가서 질문지를 작성하고 검사를 받는다. 내 발기가 충분한지 점검받고 그 점수에 따라 약을 처방받거나 받지 않는다. 처방받시 못한 사람들은 '약 믹을 징도는 아니'라는 데 안도하면서도 다시 비아그라를 찾아 '짝퉁'이든 '진품'이든 복용한다.

발기 부전 치료제를 찾는 진짜 이유

처방이 필요 없는 사람이 왜 발기 부전 치료제를 찾을까? 첫째, 자기 몸에 거는 기대 때문이다. '충분히 정상'이라서 약을 먹지 않아도 된다는 진단은 상황에 따라 의미가 달라진다. 평범한 병이라면 아프지 않다는 진단이니까 문제가 해결된 상태라는 의미다. 비아그라 사례에서 '정상'은 그냥 '보통'이나 '평균'이라는 뜻이고, 대부분 사람들은 이 '사실'에 만족하지 않는다. 더 나은 능력과 좋아진 몸을 바란다. 성능이 더 좋아진 업그레이드 된 기계처럼 말이다. 우리는 자연스럽고 예측 불가능한 몸보다 언제나 반응할 수 있고 준비된 몸을 더 뛰어나다고 여긴다. 어느덧 자연스러움보다 '사이보그스러움'을 표준으로 여기게 됐다.

둘째, 가부장제를 향한 향수다. 가부장제란 '아버지의 지배'를 말한다. 가족을 대표하는 아버지가 모든 가족 구성원에게 일방적인 권위나 지배를 행사한다는 의미다. 가부장제에서 남성에게 강조되는 속성이 바로 남성성이다. 남성성은 남성에게 적절하다고 여겨지는 자질이다. '상남자' 또는 '매우 남성적이다'는 말은 이런 남성성이 비교될 수 있는 특징이라는 점을 보여준다. 사실 가부장은 사회적 관계를 의미하고, 남성성은 생물학적 남성에게 부여되는 사회적 전형이다. 그리고 이런 속성은 시대에 따라 달라질 수 있다. 남녀평등과 인권이 부각되는 현대사회에서 군림하는 아버지나 지배하는 가부장은 바람직한 아버지 상이 아니다. 남성들은 수평적 소통과 평등한 관계라는 새로운 사회적 관계에 적응해야 한다. 가족 관계 또는 사회적 관계의 변화는 새로운 남성성을 요구하는데, 이런 속성을 아직 완전히 구축하지 못한 남성들이 존재감을 확인하는 방식 중 하나가 성적 능력이라고 볼 수 있다.

비아그라에는 긍정적인 면도 있다. 몇몇 노인과 환자들은 이런 의약품 덕분에 삶의 중요한 부분을 실현하고 유지할 수 있다. 그러나 앞서 말한 두 사례는 필요를 넘어서는 사용을 의미한다.

변화된 사회적 관계에 남성들이 적응할 수 있게 돕지 못한다면 남성들이 가부장제에 느끼는 향수는 더욱 짙어질 수 있다. 매사에 남녀평등을 강조하다가도 신혼집은 당연히 남자가 구해야 한다고 여기고, '남자는 능력'이라며 출세와 성공을 강요하면서 남성을 더 불안하게 하면 이런 불안은 증폭된다. 비아그라는 그런 불안을 파고들면서 남성성 회복이나 더 강화된 남성성을 내세워 우리를 유혹할 수 있다.

살 빼는 약? 건강 뺏는 약!

비만이 병인 세상

인류가 풍요로운 생활을 하게 되면서 뚱뚱한 몸을 둘러싼 사람들의 인식이 바뀌고 있다. 여전히 기아와 가난에 시달리는 나라와 계층이 있지만, 지난 100년은 인류 역사에서 가장 풍요로운 시기다. 풍만한 살집은 먹을거리가 부족한 과거에 부와 권력의 상징이었지만 먹을거리가 넘치는 지금은 나태함이 불러오는 가난의 표식처럼 여겨진다.

지방 축적은 우리 몸이 식량을 제때 섭취하지 못할 때를 대비해 에너지원을 보관하려는 본능적인 반응이다. 진화론자는 털 없는 인류가 체온을 보호하고 에너지를 저장하려고 피하에 지방을 저장하는 쪽으로 진화한 결과라고 주장한다. 지방은 분해될 때 포도당이나 단백질에 견줘 두 배가 넘는 에너지를 내기 때문에 그만큼 에너지를 효율적으로 저장하고 이용할 수 있다. 인간의 몸이 지방을 저장하려는 과정은 자연스러운 본능이다.

그러나 비만이 고혈압과 당뇨 등 성인병의 주범으로 주목받으면서 지방을 저장하는 자연스러운 과정은 건강에 해로운 현상이 됐고, 지금은 아예 비만은 질병이라는 말까지 나온다. 그러자 사람들은 비만에 '걸린' 사람이 누구인지 주목했다. 비만은 영양가 있는 음식을 골고루 적절히 먹는 사람보다 탄수화물과 포화 지방산이 많은 저질 음식을 폭식하는 사람, 적당한 운동으로 신체를 단련하는 사람보다 앉아서 생활하는 사람이 더 많이 걸리는 '질병'이다. 따라서 비만에 '걸리면' 단순히 건강 유해 인자를 하나 더 가진 사람을 넘어서 성실하지 않고 부주의한 사람이 된다. 심지어 뚱뚱한 사람은 멍청해 보인다는 편견마저 있다. 이런 사회 분위기는 남녀 가리지 않고 현대인을 다이어트에 매달리게 한다. 운동과 식이 요법 말고도 기계나 기구, 의료, 화장품 등이 난립한 다이어트 시장은 거대한 산업이 됐다.

비만은 자기 자신 때문에 걸린 '병'이라는 점에서 뚱뚱한 사람은 도덕적 비난을 받는다. 비만을 '낫고' 싶은 사람에게 '약으로 비만을 치료할 수 있다'는 개념은 매력적으로 다가온다. 사람들은 살 빼러 병원에 가는 일을 당연하게 여기고 다이어트 약물을 습관적으로 복용한다.

비만 치료제에 담긴 비밀

다이어트에 처방되는 약품은 크게 식욕을 억제하는 약, 지방 흡수나 당 대사를 방해하는 약, 복부 팽만감을 유도하는 약으로 나뉜다. 이 중 식욕 억제제가 가장 널리 쓰이는데, 대부분 향정신성 의약품인 마약류에 해당한다. 이런 마약류 식욕 억제제 처방을 받은 사람은 2019년 161만 명 663만 건, 2020년은 160만 명 650만 건이나 된다. 더 심각한 문제는 16세 이하는 복용을 금지하고 있는데도 2019년 어린이와 청소년

719명 1938건, 2020년 528명 1436건 사용됐다. 심지어 초등학교 4, 5학년인 10, 11세도 처방을 받았다.

향정신성 의약품은 중추 신경계에 작용해 환각, 각성, 중독을 일으킬 수 있다. 따라서 엄격한 기준에 따라 어쩔 수 없을 때 적절한 기간만 써야 한다. 그러나 다이어트 약물의 소비 추세는 폭발적이다. 식품의약품안전처 자료에 따르면 살 빼는 데 쓰인 향정신성 의약품의 생산 실적은 2001년 3억 원 정도에서 2006년에 345억 원으로 급증했고, 2016년에도 931억 원으로 계속 증가하고 있디.

이 약물 중 많은 종류가 복용을 중단하면 금단 증상에 시달리게 된다. 심하면 마약 중독자처럼 약물의 굴레에서 벗어날 수 없는 지경에 빠져 약물을 계속 처방받아야 하는 사람들도 있다. 더욱 놀라운 사실은 간질이라고 부르는 뇌전증 약 토피라메이트를 식욕 억제용으로 쓰고 있다는 점이다. 토피라메이트는 자살 충동과 유발 위험성이 있어 뇌전증 환자에게도 신중하게 쓰는 약이다.

향정신성 식욕 억제제인 펜터민과 토피라메이트를 복합한 '큐시미아'라는 약은 2012년 미국에서 허가받고 한국에서는 2020년 출시됐다. 다른 비만 치료제들처럼 큐시미아도 체질량 지수 30을 넘는 비만에 유해성보다 유익성이 크다는 조건을 충족할 때만 처방할 수 있다며 허가를 받았다. 키 160센티미터인 사람이 몸무게 77킬로그램이 넘으면 체질량 지수는 30이 넘는다. 이 조건은 마른 사람도 처방받는 한국의 다이어트 처방 관행하고 많이 다르다. 더구나 2012년 큐시미아는 유럽에서 허가받지 못했다. 유럽의약청EMA 산하 약물사용자문위원회가 안전성, 유효성, 약물 위험성 관련 방안을 마련하는 데 의문을 제기한 때문이었다. 2019년 스웨덴, 덴마크, 아이슬란드만 허가했다. 한국에서 허가된 큐시미아는 판매가 급증해 한 해에 300억 원어치나 팔릴 정도다.

2000년대를 대표하는 비만 치료제 리덕틸(시부트라민)은 뇌졸중과 심장 발작 등 심혈관계 부작용으로 2010년 1월 유럽에서 판매가 정지된 반면 한국은 같은 해 10월에 사용이 금지됐다. 시부트라민은 신경 전달 물질인 세로토닌과 노르아드레날린의 재흡수를 억제해 뇌에서 포만감을 느끼는 중추를 자극한다. 그래서 밥을 먹지 않아도 배고픔을 덜 느끼게 한다. 이 약은 한때 가장 안전한 비만 약으로 평가받으며 큰 인기를 누렸다. 미국 식품의약국FDA에 따르면 1998년 2월부터 2001년 9월 사이에 시부트라민을 복용한 환자 400여 명에게 심각한 부작용이 보고됐고, 그중 19명은 심장 부작용으로 사망했다. 2001년 10월부터 2003년 3월까지 18개월 동안 시부트라민 복용자 중 30명이 심혈관계 질환으로 사망했다. 급기야 미국 식품의약국은 시부트라민이 심근 경색이나 뇌출혈 같은 치명적인 심혈관계 부작용을 증가시킨다는 결론을 내려 판매 정지를 결정했고, 결국 한국 시장에서도 사라졌다.

2015년 2월 한국에서 허가받은 비만 치료제 벨빅(로카세린)도 2020년 안전성을 이유로 허가가 철회됐다. 유럽에서는 동물 실험 결과 종양 유발 등 부작용이 드러나 허가받지 못한 약이었지만, 미국 식품의약국은 시판 뒤 조사를 조건으로 2012년 6월에 승인했다. 결국 2020년 1월 미국 식품의약국은 암 발생 증가를 이유로 시장 철수를 명령했다. 5년간 환자 약 1만 2000명을 대상으로 임상 시험을 한 결과 위약 투여군에 견줘 로카세린을 투여받은 환자의 암 발생이 높았고, 복용 기간이 길수록 암 발생률 차이도 커졌다. 그뒤 한국에서도 퇴출됐다.

요즘 가장 뜨거운 비만 치료제는 '삭센다'다. 처음에 당뇨병 치료제로 개발한 이 약을 2015년 미국과 유럽에서는 비만 치료제로 허가했다. 한국에서는 2017년 7월에 출시한 뒤 4개월 만에 품절 사태를 빚었다. 비만 클리닉 넘버원 처방 약으로 입고될 때마다 완판 신화를 이어왔다. 자가 주사 방식이라 불편한데도 더 싸게 처방하는 병원을 찾아 헤매거나 중고 거래가 성행하는 등 인기는 여전하다.

우리는 이미 1890년대부터 다이어트 약물을 사용했다. 갑상선 호르몬, 레인보우 필스, 펜펜, 리덕틸이나 벨빅까지 많은 다이어트 약물이 혜성처럼 등장한 뒤 심장 판막 질환, 뇌졸중, 심근 경색, 암 발생 등 치유하지 못할 상처들을 남기고 사라졌다. 삭센다는 아직 알 수 없다. 갑상선암과 췌장염, 담석증까지 논란이 이어질 뿐이다. 약에도 생명이 있어서 태어난 지 얼마 되지 않은 신생 약은 위험을 확증하기 어렵다. 다만 삭센다는 위험을 염려할 만큼 데이터가 충분하다는 점과 삭센다는 다이어트가 아니라 중증 또는 고도 비만 환자만을 대상으로 한 '비만 치료제'라는 점을 잊지 않아야 한다.

목숨 건 다이어트의 효과와 후과

이렇게 중독을 일으키고 심지어 목숨을 뺏아가는 심각한 부작용을 가진 다이어트 약물이 내는 다이어트 효과는 얼마나 될까? 약을 먹고 식욕이 억제되고 신체 대사가 바뀌면서 다이어트에 성공하는 사람이 많다. 그러나 약을 끊는 순간 어김없이 다시 살이 찐다. 운동이나 식이 요법으로 뺀 살이 아니라서 약물 요법은 요요 현상이 나타날 수밖에 없다. 식이 요법이나 운동을 하지 않고 약으로 살을 뺀 경험과 기억은 요요 현상을 겪고 난 뒤에도 다시 약물 요법 다이어트에 매달리게 한다. 이런 과정이 반복되면 내약성이 생겨 약효도 더 떨어진다. 그러면 사람들은 약 먹는 양을 늘리거나 효과가 더 좋고 더 센 약을 찾게 된다.

왜 이렇게 위험천만한 약들이 다이어트에 이용될까? 거대한 산업이 된 다이어트 시장에서 제약사는 이익만 얻으려 하고 몇몇 의사와 약사는 이런 제약사를 묵인하면서 한몫 챙기려 탐욕을 부리기 때문이다. 어떤 의료인은 다이어트 약물을 처방할 때 밥을 마음껏 먹으면서 다이어트를 할 수 있다고 설명한다. 식욕 억제제를 넣은 만큼 실컷 먹지 못한다고 생각해서 하는 말이다. 그러나 의료 상업화 못지않게 환자의 적극적 의지도 무시할 요인은 아니다. 힘들게 운동하거나 굶지 않아도 된다는 달콤한 유혹에 넘어간 사람들은 약물에 의존한다. 그러나 불행하게도 운동과 식이 요법이 빠진 다이어트 요법은 이 세상에 없다.

'비만은 질병'이라는 구호는 비만은 치료해야 하고 약물 사용은 자연스럽다고 말한다. 아름다운 몸을 바라는 욕망과 뚱뚱한 사람에게 쏟아지는 사회적 편견, 이 욕망과 편견을 부추기는 산업은 비만을 고쳐야 할 질병으로 만들었다. '비만은 질병'이라는 구호는 뚱뚱한 사람을 향한 혐오감을 완곡하게 표현할 뿐이다. 비만은 성인병의 원인이 되기 때문에 개선해야 하지만, 비만도 아닌 사람이 스스로 비만인지 고민하게 하고 뚱뚱한 사람을 차별하게 한다. 비만은 개인의 병이 아니라 사회적 병리 현상일 뿐이다.

키 작은 남자는 왜 비난받는가

약으로 키 크려는 결심

김수진(가명) 씨는 얼마 전 초등학교 3학년 딸아이 성장 검사를 했다. 키 137센티미터에 몸무게 34킬로그램인 딸이 또래보다 작다고 생각한 때문이다. 검사 결과 딸의 예상 성인 키는 150센티미터 초반이었다. 남편 키가 168센티미터이고 수진 씨 키는 154센티미터라서 부모를 닮으면 키가 클 확률이 낮다는 얘기를 들었다. 열 살인 딸의 골 연령은 열두 살 정도였다. 의사는 사춘기가 들어서면 성장이 더 안 되기 때문에 성 억제 호르몬을 먼저 쓰고 이어서 성장 촉진 호르몬을 투여하자고 했다. 그러나 수진 씨는 딸의 성장 호르몬 수치가 정상인데다 큰아들 키가 180센티미터여서 3년이 넘는 기간 동안 한 달에 100만 원 넘게 들어가는 비용을 감당해야 할지 고민하고 있다. 수진 씨는 남편 월수입이 500만 원만 넘는다면 치료를 시작하겠다며 한숨을 내쉬었다.

성장 호르몬은 어린이의 성장 장애와 성인의 성장 호르몬 결핍에 처방되는 의약품이다. 1956년에 처음 알려진 이 호르몬은 1972년에 화학적 구조가 밝혀졌다. 1980년대 중반까지 저성장 아동은 주로 자연적인 호르몬으로 치료했지만, 성장 호르몬 인공 합성에 성공하면서 요즘은 합성 호르몬을 주로 사용한다.

인위적으로 몸에 주입된 성장 호르몬이 어떤 부작용을 일으킬지 그동안 논란이 많았다. 지금은 호흡기 문제나 비만, 당뇨, 암 등이 있다면 투여를 금지한다.

성장 호르몬까지 투여해 키를 크게 하려는 이유는 뭘까? 질병, 비정상적 영양 상태, 정신적 스트레스에 따른 성장 장애는 당연히 원인을 찾아 치료해야 한다. 그러나 평균보다 키가 크지 않은 부모의 자녀가 평균보다 키가 크지 않는 현상은 자연스럽다. 아이들이 성장이 지체되다가 어느 시기에 갑자기 크는 일도 마찬가지다. 이런 자연스러움에 개입해서 성장 호르몬을 투여해 얻을 수 있는 효과는 천천히 크는 키가 빨리 크게 하는 정도일 뿐이다. 어쩌면 아직 성장할 준비가 안 된 상태에서 웃자라게 될지도 모른다.

성장 호르몬 요법을 선택하는 부모들이 생길 수 있는 부작용을 모르거나 아이의 건강을 무시하지는 않는다. 그렇다기보다는 키 작은 사람이 겪을 수밖에 없는 사회적 차별을 무시하기가 쉽지 않기 때문이다. 그래서 약으로 성장을 해결하자는 설득에 넘어가고 만다.

왜 키 작은 사람은 비난받는가

얼굴이 외모를 좌우하는 결정적인 요소라고 흔히 말하지만, 키를 둘러싼 현성과 잠성의 사회학은 대놓고 떠들지 않는다. 단지 '키가 좀 작아서······'라며 슬쩍 외면하는 사례가 많다. 그러나 키가 외모에서 차지하는 비중은 꽤 높다.

스웨덴에서 징집 대상자 1300만 명을 조사해보니 키가 5센티미터 커질수록 자살 위험이 9퍼센트 낮아진다는 결과가 나왔다. 키가 작을수록 자살 확률이 높다는 말이다. 소외 계층 자살률이 높은 점을 고려하면 키 작은 사람이 사회적으로 박탈감을 느끼며 살아갈 가능성이 크다는 점을 시사한다.

키 작은 사람이 사회생활을 하면서 겪는 일을 생각해보자. 경찰이니 군인 등 특정 직업은 채용 조건에 키 관련 기준이 있다. 얼굴은 평범하지만 키는 크다는 말에는 키가 얼굴 때문에 부족한 '경쟁력'을 상쇄하고도 남는다는 뜻이 숨겨져 있다. 결국 키는 숨은 권력이자 경쟁력인 셈이다.

작은 키와 대머리. 요즘 여성들이 대부분 회피하는 남자 배우자의 조건이다. 대머리야 가발이나 모발 성형으로 어찌해볼 수 있지만, 작은 키는 '대략 난감'이다. 꽃미남은 바라지 않아도 키는 나보다 크면 좋겠다는, 키 큰 남자를 향한 여자들의 선망은 대체 어디에서 비롯됐을까? 인간이 큰 키를 좋아하는 현상은 생물학적 진화의 한 양상이고, 큰 키가 진화에 유리해서 그럴까?

배우자감으로 키 큰 남자가 좋다는 여자들의 심리는 두 가지로 설명할 수 있다. 첫째는 체격에 따른 지배 구조가 전복되기를 바라지 않는 여자들의 심리가 무의식적으로 드러난 현상이다. 체격에 따른 지배 구조란 키 큰 사람이 키 작은 사람을 지배하고 남자가 여자를 지배하는 현실을 가리킨다. 첫째 이유보다 더 크게 작용하는 둘째 이유는 키 큰 남자라는 프리미엄을 미래에 관한 투자로 보기 때문이다. 남자의 큰 키가 불확실한 미래를 보장하는 생명 보험이나 종신 보험이라 여기고 배우자를 선택하는 식이다.

결혼식을 할 때도 신랑보다 신부가 키가 크면 그림이 좋지 않고 통념에 어긋난다는 이유로 신랑은 키높이 구두를 신고 신부는 굽 없는 단화를 신는다. 그나마 이런 경우는 키 차이를 극복하고 결혼에 골인한 행복한 사례다. 현실은 키 작은 남자가 일방적으로 구애하다가 관계가 끝날 가능성이 크다. 키는 취향의 문제가 아니라 신체의 우월성과 남성성의 표상이다.

여자들만 키 큰 남자를 좋아하지는 않는다. 사회에서도 키는 자본의 한 종류로 군림하고 계급의 정체성을 드러내는 지표 중 하나다. 계층 간 양극화가 심하지 않은 선진국에서도 평균 키가 높다거나 키가 큰 남성일수록 연봉을 더 많이 받는다는 연구 결과도 있다. 또한 키가 작을수록 혼자 사는 확률이 더 높고 아이도 적게 낳는다고 한다. 키 작은 사람이 키 큰 사람보다 야무지다는 '작은 고추가 맵다'라는 속담도 있지만, 온갖 사회 통계를 분석하면 키 큰 남자는 키 작은 남자보다 사회적으로 성공할 가능성이 더 크다.

남자의 키는 대중문화의 단골 주제였고, 키에 관한 고정 관념도 언론과 미디어에서 여전히 힘을 발휘한다. 오죽하면 '숏다리'와 '롱다리'라는 말에 이어 작은 키를 소재로 한 개그 코너가 생기고 '키 컸으면, 키 컸으면'이라는 유행어가 나왔을까. 키 작은 사람이 장수한다는 통계도 있지만 현대 사회는 여전히 키 작은 사람에게 불리하다. 키가 작아서 유리할 때는 천장이 낮을 때 붙이는 '머리 조심'이라는 문구를 그냥 지나칠 수 있다는 정도 아닐까?

맞춰지는 몸

쇼윈도 안에 전시된 남자 마네킹의 평균 키는 190센티미터, 허리둘레는 28인치다. 한국 20대와 30대 남자의 평균 키는 약 174센티미터로 마네킹하고는 16센티미터 차이 난다. 키가 크고 팔다리가 가늘고 길어야 옷맵시가 나서 남자 190센티미터와 여자 184센티미터로 모델 몸에 맞춰 마네킹을 만든다고 제조업자는 얘기한다. 이기적인 키를 가진 마네킹 때문에 키 작은 남자는 쇼핑도 스트레스다.

겉으로 드러나는 외형을 중요시하는 루키즘 사회에서 여자들은 몸무게로 차별받고 남자들은 키로 차별받는다. 여자들은 살 전쟁을 벌이고, 남자들은 키 전쟁을 벌인다. 살이야 빼면 된다 쳐도, 성장판이 닫힌 뒤에 키는 어떻게 늘일까?

사회가 이렇다 보니 '키 크는 약'을 찾는 수요도 늘고 이런 현상을 마케팅 수단으로 이용하는 기업도 많다. 잡지와 신문, 길가에 걸린 플래카드에는 성장 클리닉과 키 크는 농구 교실, 일반 의약품과 건강식품 광고가 차고 넘친다. 먹는 제품은 대부분 성장 촉진 호르몬 관련 제품이다. 그런데 어느 날 이런 광고들이 갑자기 뚝 끊겼다. 기대만큼 효과가 없기 때문이었다.

키가 크려면 성장판이 열려 있어야 하고 성장 호르몬이 분비돼야한다. 성장판은 열려 있는데 성장 호르몬이 분비되지 않거나 성장 호르몬은 분비되는데 성장판이 조기에 닫히면 키가 크지 않는다. 전자라면 성장 호르몬제가 도울 수 있지만, 후자라면 치료가 곤란하다.

만약 아직 성장판이 닫히지 않은 상태라면 키 크는 약이 도움이 되겠지만, 어떤 방법을 쓰든 밤 10시 이전에 꼭 잠들기 같은 생활 습관,

운동과 스트레칭, 식이 요법을 함께 해야 한다. 그러다 보니 나중에 키가 크더라도 무엇 때문인지 판단하기 어렵다. 결국 키 크는 약도 한약도 성장 호르몬도 비수기 해수욕장처럼 반짝하고는 썰렁해졌다. 운동과 식이 요법, 생활 습관만 남았다.

그러나 아이들은 지옥 같은 입시 전쟁을 치르느라 잠을 제대로 잘수 없고 운동할 시간은 더더욱 없다. 게다가 외모 스트레스까지 강요받으며 이중의 고통에 시달리고 있다. 이런 상황이라면 또 다른 성장 호르몬 요법, 또 다른 키 크는 약이 우후죽순처럼 나타난 뒤 사라지고, 아이들과 어른들도 유행하는 치료법을 따라 계속 이리저리 휘둘리게 될지도 모른다.

아이들도 키 크려고 열심히 노력한다. 강요받은 탓이 아니라 사회가 정한 기준에 맞추려 스스로 노력한다. 그러나 키는 사회가 만들어낸여러 표준의 하나다. 거기에 걸려들기 시작하면서 우리는 모두 '엄친아' 신화에 빠져든다. 키 크고 공부 잘하고 성격 좋고 운동 잘하면 결국사회에 나가 성공한다는 신화다. 우리 사회는 노력하면 누구나 이런 완벽한 기준에 다다를 수 있다고 속삭인다. 약이 그 기준에 더 빨리 다다를 수 있게 돕는다고 부추긴다. 끝없이 만들어지는 '엄친아' 신화 속 표준에 언제까지 나를 맞출 수 있을까?

피임약 논쟁, 그 안에 여성은 없다

'우리는 아무것도 두렵지 않다. 피임약이 있으니까'

피임약은 크게 세 가지로 나눌 수 있다. 1960년대 산아 제한 정책으로 도입된 사전 피임약, 성관계 뒤 3~5일 사이에 복용하는 긴급 피임약, 아직 한국에는 도입되지 못한 유산 유도제다.

1960년대 처음 개발된 사전 피임약은 인류가 남긴 위대한 발명품 중 하나로 꼽힐 만큼 획기적이었다. 먹는 피임약이 개발되면서 여성은 임신을 피하거나 조절할 권리를 실현할 수 있게 됐다. 이런 이유로 먹는 피임약은 20세기 여성 해방을 앞당긴 세기의 발명품이 됐다. 피임약은 시간만 잘 지켜 복용하면 피임 성공률이 98퍼센트 정도로 높아 개발된 지 60여 년 만에 전세계 1억여 명이 사용하는 밀리언셀러로 자리 잡았다.

피임약은 매우 정치적인 맥락에서 출발했다. 출산 통제약birth control drug이라는 이름에서 알 수 있듯 병 치료가 아니라 여성이 임신에 관한 자기 결정권을 행사하려는 목적으로 개발됐다. 여성의 직업과 사회적 위치 등은 피임약 사용에 중요한 변수였고, 사회, 문화, 정치, 경제, 종교 같은 요인에 따라 피임약 사용 방식도 천차만별이었다. 그런가 하면 피임약은 사회 변화를 이끌어내기도 했다.

최초로 출시된 먹는 사전 피임약은 1960년 5월 9일 미국 식품의약국이 승인했다. 개발을 이끈 사람은 산아 제한 시민운동가 마거릿 생어라는 여성이었다. 생어는 거듭된 임신 탓에 건강을 해쳐 일찍 생을 마감한 어머니에게 영향을 받아 여성이 건강하고 자립하려면 반드시 산아 제한을 해야 한다고 생각했다. 평균 21세에 결혼해 22세에 첫 임신을 하던 미국 여성은 피임약이 개발되면서 스스로 임신 시기를 선택할 수 있게 됐다. 결혼과 첫 출산 시기가 점점 늦어지고 여성의 대학 진학률과 사회 진출이 획기적으로 늘었다.

유럽에서는 숱한 사회적 논쟁을 거친 사전 피임약을 여성의 자기결정권을 강화하고 여성 인권을 향상하는 수단으로 인식했다. 68혁명 때 사전 피임약은 성 해방의 아이콘이었다. 종교적이고 보수적인 기성 가치관은 성적 욕구를 비도덕적이라 여겼지만, 유럽의 젊은 세대는 68혁명을 기점으로 억압적 규제에서 벗어나는 성 해방을 주장했다. '우리는 아무것도 두렵지 않다. 피임약이 있으니까'라는 구호에서 알 수 있듯이, 1960년대 후반 성 관념이 자유로워지면서 피임약을 사용하는 미혼 여성이 폭발적으로 증가했다.

여성의 권리라는 정치적 요소를 바탕으로 탄생한 만큼 피임약 복용은 정치와 종교의 영향을 많이 받는다. 종교와 문화, 국가마다 피임약 복용 방식은 제각각이다. 미국에서 가톨릭 신자의 사전 피임약 복용률은 가임기 여성의 80퍼센트에 이를 만큼 높다. 중국처럼 엄격한 산

모두의 안전한 임신중지를 위한 권리보장 네트워크는 임신 중지약을 필수 의약품으로 지정하고 신속하게 도입해야 한고 촉구했다.

아 제한 정책을 펴는 국가도 사전 피임약 복용률이 높다. 약을 사용할 때 가장 먼저 확인해야 하는 안전성과 유효성은 피임약 사례에서는 어느 나라든 가장 나중에 고려했다.

한국에 피임약이 들어온 때는 1966년으로, 매우 이른 편이다. 사전 피임약이 1960~1970년대 산아 제한 정책을 펼친 군사 독재 정부의 의도에 맞아떨어진 때문이었다. 독재 정부는 루프 시술과 정관 수술을 적극 권장했고, 사전 피임약을 일반 의약품으로 도입해 주로 보건소를 거쳐 거의 무상으로 보급했다. 개발 초기 사전 피임약은 고용량 여성 호르몬제라 부작용이 컸다. 지금보다 훨씬 높은 오심과 구토 같은 부작용 발생률은 임신과 출산 통제 정책에 따른 강압적 분위기 속에 묵살됐다. 피임약 도입 시기에 거쳐야 할 사회적 논쟁도 생략됐다. 이런 현상은 산아 제한을 위해 피임약을 도입한 인도와 중국 등 개발도상국이 나타내는 공통된 특징이기도 하다.

더욱이 의약품은 신문이나 잡지가 아닌 다른 매체에 광고를 금지하는 규정이 있는데도 피임약은 1973년 약사법에서 예외 항목으로 개정됐다. 이런 점에서 알 수 있듯 피임약 도입 초기에 부작용과 안전성을 전혀 살피지 않았을 뿐 아니라 논의 자체를 적극적으로 막았다. 출산율이 감소하기 시작한 뒤에야 정책 방향이 바뀌어 1989년에 오용이나 남용이 염려된다는 이유로 대중 매체에서 피임약 광고가 금지됐다. 초기보다 더 안전해진 상황인데도 안전성 문제가 대두된 탓이었다.

한국의 사전 피임약 복용률은 2~3퍼센트대로, 2019년 세계 평균인 20퍼센트에 견줘 매우 낮다. 여성의 사회 진출이 늘고 성에 관한 인식도 크게 바뀌었지만, 아직 한국 사회에서 피임은 공론의 대상이기보다는 터부이기 때문이다.

긴급 피임약과 유산 유도제를 둘러싼 논쟁들

사전 피임약이 부작용과 안전성 문제로 논쟁에 휩싸인 사이 긴급 피임약은 생명 윤리를 둘러싼 정치적이고 종교적인 논쟁의 대상이 됐다. 긴급 피임약은 수정란의 착상을 방해하는 기능을 하는데, 수정과 착상 과정에서 언제부터 생명으로 봐야 하는지를 놓고 논란을 피할 수 없었다.

이런 논쟁은 미페프리스톤(RU486)이라는 약에서 시작했다. 1980년 프랑스 제약사 루셀 위클라프는 다른 약을 개발하다가 미페프리스톤을 발견했다. 임신하면 프로게스테론이 자궁 내막층을 유지하게 만드는데, 미페프리스톤은 프로게스테론 분비량을 낮춰 착상된 태아를 자궁 내막에서 떨어지게 만든다. 마지막 월경 다음 49일 안에 복용해야 효과가 나타난다. 말 그대로 낙태약, 유산 유도제다.

프랑스가 미페프리스톤을 허가하자자마 종교계와 시민단체들이 격렬히 반대했고, 결국 루셀 위클라프는 유통을 중단한다고 발표했다. 그러나 이틀 뒤 프랑스 보건부 장관은 미페프리스톤이 제약사의 재산이 아니라 여성을 위한 도덕적 상품이라며 배포를 명령했다. 그 뒤 2년 동안 무료로 배포하다가 1990년 2월부터 '미프진'이라는 상품명으로 판매되기 시작했다. 지금 한국에서는 구할 수 없지만 미국, 영국, 일본, 중국 등 세계 100여 곳 나라에서 판매하고 있다.

우리가 많이 알고 있는 긴급 피임약은 1999년 이스라엘 제약사 테바가 개발한 플랜비가 시초다. 성관계한 뒤 72시간 안에 플랜비를 먹으면 착상을 방해해 임신을 예방할 수 있다. 이미 임신한 여성이 복용하면 아무런 효과가 없기 때문에 논쟁할 여지는 있지만 낙태약이라고 볼 수는 없다. 처음 개발될 때는 처방전하고 함께 구할 수 있는 전문 의약품이었지만, 3년에 걸친 치열한 논쟁 끝에 2006년 미국 식품의약국은 18세 이상 여성은 처방전 없이 약을 살 수 있게 승인했다. 3년 뒤인 2009년에는 17세 이상으로 연령 제한을 더 완화했다.

2006년 미국에서는 어느 약사가 긴급 피임약을 처방받은 여성에게 '조제 거부권'을 행사해 법정 공방에 휩싸이기도 했다. 조제 거부권이란 생명 윤리와 종교적 신념을 이유로 약사가 조제를 거부할 수 있는 권리다. 각 주 방침에 따라 약사의 권리로 인정받거나 인정받지 못했는데, 연방 정부는 종교와 도덕적 신념에 상관없이 모든 약국에 긴급 피임약을 구비하게 했다. 약사 개인의 생명 윤리와 종교적 신념보다 처방받는 여성의 자기결정권이 더 중요하다고 판단한 결과였다.

긴급 피임약 허용 문제가 현재 진행형인 나라도 있다. 2022년 기준 가톨릭 국가인 온두라스는 낙태뿐만 아니라 긴급 피임약 복용도 법적으로 금지하고 있다. 성폭행으로 임신하거나 산모가 생명이 위험한 때를 포함해 어떤 경우에도 낙태를 허용하지 않는다. 2022년 1월 첫 여성 대통령으로 취임한 시오마라 카스트로는 낙태금지법 철폐 같은 공약으로 표심을 얻었지만, 보수적인 의회는 여전히 종교나 의학적 이유를 들어 거부하고 있다. 카스트로의 남편도 긴급 피임약을 합법화하려다가 14년 전에 실각한 온두라스에서 긴급 피임약 합법화는 여전히 험난하다.

한국은 1998년 긴급 피임약을 처음 도입했다. 1998년부터 2000년까지 성폭력 피해 여성 청소년을 대상으로 긴급 피임약을 보급하는 청소년 성 상담 시범 사업이었다. 종교계는 긴급 피임약을 정식 도입하면 청소년들이 성적으로 문란해질 수 있다고 주장했다. 그때 열린 긴급 피임약 관련 토론회 제목이 '성폭력 대책인가? 낙태 방조인가?'였는데, 논쟁의 핵심은 '낙태약인지 아닌지'와 '약 도입으로 야기될 성 문란'이었다. 이런 논쟁에도 긴급 피임약은 2002년 전문 의약품으로 시판됐다.

낙태죄와 유산 유도제, 그리고 여성의 자기결정권

낙태는 여전히 뜨거운 이슈다. 지난 10년 동안 산부인과 의사들의 인공중절 수술 전면 거부, 미프진 도입, 낙태죄 폐지가 그 한가운데를 차지한다.

1970년대 산아 제한 정책이 실시되면서 낙태는 암묵적으로 비범죄화되지만 낮은 출산율이 사회 문제가 됐다. 2009년 11월 낙태를 줄이

전체 인공 임신 중지 중 약물적 중지가 차지하는 비중		
나라	조사 년도	약물적 중지 비율(%)
스페인	2021년	25
네덜란드	2021년	34
이탈리아	2020년	35
캐나다	2021년	37
벨기에	2021년	38
독일	2022년	39
뉴질랜드	2021년	46
미국	2020년	53
포르투갈	2021년	68
슬로베니아	2019년	72
프랑스	2021년	76
스위스	2021년	80
덴마크	2021년	83
영국	2021년	87
아이슬란드	2021년	87
에스토니아	2021년	91
노르웨이	2022년	95
스웨덴	2021년	96
핀란드	2021년	98
스코틀랜드	2021년	99

출처: https://en.wikipedia.org/wiki/Medical_abortion.

면 출산율이 높아진다고 판단한 이명박 정부는 낙태를 단속하겠다고 발표했다. 이 발표에 맞춰 프로라이프의사회가 낙태 시술 의사와 병원을 검찰에 고발했고, 90퍼센트가 넘는 산부인과의사회 회원 병원이 낙태 시술을 중단했다. 수술적 임신 중지가 힘들어진 상황이 맞물리면서 유산 유도제는 수요가 폭발했다. 동시에 불법적이고 음성적인 거래와 가짜 약도 증가했다.

2017년 낙태 시술 때문에 재판을 받던 산부인과 의사가 낙태죄가 위헌이라며 헌법 소원을 냈다. 피임약 분류 문제로 논쟁이 치열하던 2012년에도 헌법재판소가 낙태죄에 합헌 판결을 한 적이 있었다. 2019년 4월 11일은 헌법재판소가 낙태죄 헌법 불합치 결정을 내린 역사적인 날이다. 헌법재판소는 낙태죄가 임신한 여성의 자기결정권을 제한한다고 판단했다. 1953년 낙태죄가 도입된 지 66년 만에 일어난 변화였다. 더 거슬러 올라가면 낙태 행위를 법으로 처벌하기 시작한 시기는 일제 강점기인 1912년이니, 무려 107년이나 지속된 낙태죄가 없어진 셈이었다. 헌법 불합치 결정은 사실상 위헌이지만 즉시 법을 없애면 생길지 모를 사회 혼란을 막으려 법을 개정할 때까지 잠깐 법률을 유지하는 결정이다. 헌법재판소는 2020년 12월 31일까지 국회가 낙태 관련 법을 개정하라고 요구했다. 그렇지만 만 3년이 지난 지금 대체 입법도 완결되지 않고 유산 유도제도 도입되지 않았다. 낙태 시술을 한 임신 여성과 의사를 처벌하는 조항은 효력을 잃은 상태이지만, 불법적인 유산 유도제는 여전히 유통되고 있다.

유산 유도제는 임신 초기에 사용할 수 있는 '먹는' 임신 중지약이다. 세계보건기구WHO는 2005년부터 유산 유도제를 필수 의약품으로 지정해 안전한 인공 중절 방법으로 공인했다. 수술과 유산 유도제 복용은 임신 중지 성공률이 각각 98퍼센트와 95~98퍼센트로, 효과가 유사하고 안전성도 높다. 수술이나 마취 없이 편하게 느끼는 장소에서 시행할 수 있기 때문에 여성들은 유산 유도제 사용을 선호한다.

유산 유도제를 이용한 임신 중지는 연구마다 약간씩 다르지만 임신 7주 이전에는 수술에 견줘 안전하고 임신 12주까지 안전하다고 확인됐으며, 가장 흔한 부작용은 복통이었다. 유산 유도제 판매를 허용한 국가들은 임신 중지를 확인하려고 복용 뒤 1~3주 안에 의료진에게 검사를 받게 한다. 세계보건기구에 따르면 2005년 기준 전세계 여성 2600만여 명이 이 방법으로 임신을 중지했다. 대부분의 유럽 국가는 약물적 임신 중지를 선택했으며, 특히 핀란드는 2015년 임신 중지 여성 98퍼센트가 유산 유도제를 복용했다.

한국 상황은 녹록치 않다. 프랑스에서 미페프리스톤을 시판한 제약사가 종교계와 시민단체에 몰매를 맞은 일처럼 한국도 제약사는 눈치를 보고 정치권은 공방을 벌이고 있다. 쟁점은 피임약이나 긴급 피임약을 도입하던 때 벌어진 논란하고 다른 점이 없다. 입법 공백 상황에서 낙태가 쉽고 무분별하게 벌어져서는 안 되며 여성 건강을 보장할 방법을 찾아야 했다. 식약처는 결론을 내지 못한 채 제약사에 자료 보완 등을 요구했고, 지금은 허가에 필요한 심사는 중단됐다. 대한산부인과의사협회도 이 약을 도입하는 데 긍정적이지만은 않아서, 오남용 예방과 안전성 확보를 이유로 내세워 별도의 절차와 규제를 요구하고 있다.

유산 유도제 도입이 '더 쉽게', '더 마구잡이로' 태아의 생명권을 내팽개친다는 고리타분한 논쟁의 장이 되지 않기를 바란다. 이미 임신 중지를 선택한 여성이나 앞으로 선택할 여성들은 충분히 고민하고, 충분히 아파하고, 충분히 고통받고 있다. 진통제를 먹듯이 가벼운 마음으로 미프진을 먹을 여성들이 정말 있을까? 이미 충분히 아픈 여성에게 필요한 더 안전하고 더 효과적인 방법을 우리도 받아들여야 할 때가 왔다.

임신과 출산에 관련한 의료 행위와 의약품에 건강보험을 당연하게 적용하듯 임신 중지에 관련한 의료 행위와 의약품에도 건강보험을 적용하고 대체 입법을 해야 한다. 더 나아가 여성의 재생산권 전반에 관한 기본법도 꼭 제정해야 한다.

지독한 냄새에 담긴 동북아 역사

러시아 정벌을 기념한 약

배가 사르르 틀면서 아프거나 배탈 설사로 고생할 때 찾게 되는 정로환은 냄새가 지독해도 오랜 세월 사랑받은 의약품이다. '정로환正露丸'에서 '로'자는 러시아를 뜻한다. 러시아는 한자로 '로서아露西亞'였다. 정로환은 러시아를 정벌하는 약이라는 뜻으로, 이 이름에는 동북아 격변기 역사가 담겨 있다.

약의 기원을 두고 지금도 설왕설래하고 있다. 1903년 일본 육군군의학교 교관 도츠카 미츠토모戸塚機知가 살모넬라균에 탁월한 효과가 있는 '크레오소트'를 발견해 러일 전쟁 때 사용했다는 설과 1902년 오사카에서 약종상을 하던 나카지마가 개발한 약이라는 설 등이 있다.

첫 개발자가 누구든지 간에 1904년 러일 전쟁 때 일본 육군 군의관을 지낸 모리 오가이가 적극적으로 군대에 보급하면서 널리 사용됐다. 모리 오가이는 물갈이 탓으로 생긴 배탈 설사와 각기병이 세균 때문에 발병한다고 믿고 크레오소트환을 보급하는 데 최선을 다했다. 처음에는 지독한 냄새 때문에 대부분 병사들이 복용하지 않고 구덩이에 버리기 일쑤였다. 모리는 꾀를 내어서 하루에 한 알씩 복용하라는 천황의 명이 있었다며 먹게 했다. 러일 전쟁에서 승리하자 '크레오소트환'을 '러시아를 정벌한 약'이라는 뜻인 '정로환'으로 이름을 바꿨다.

일본 군국주의를 상징하는 정로환

정로환이 한반도에 전해진 시기는 정확하지 않다. 정로환을 둘러싼 불미스러운 사건을 다룬 1907년 7월 15일 《황성신문》 기사로 보아 일제 강점기 이전이라고 추측할 뿐이다. 1935년 2월 《동아일보》에 나온 군복을 입고 가짜 정로환을 팔고 다니던 협박범 이야기와 '유사품에 주의하라'는 신문 광고로 미루어 볼 때 널리 이용된 듯하다.

태평양 전쟁이 한창인 시절 정로환은 군국주의를 찬양하고 선도하는 의도를 노골적으로 드러냈다. 정로환이 '육해군 어용약'이며 '황군 위문품'으로 가장 적당한 약품이라면서 위문품으로 사서 일본군에게 보내라는 광고를 해댔다. 상품 이름을 '전역기념환'으로 잠시 바꿀 정도로 일본 군국주의를 상징했다. 2차 대전이 끝난 뒤 일본 정부가 '국제적 신의'를 이유로 들어 '정복할 정征' 자를 바를 '정正' 자로 고쳐 쓰도록 제약사에 명령해 '정로환正露丸'이 됐다.

정복할 정을 바를 정으로 고친다고 해서 일본이 군국주의에 미련을 버리지는 않았다. 2005년 전세계가 2차 대전 종전 60주년을 기념하며 평화를 기원할 때 일본은 러일 전쟁 100주년을 기념했다. 나카소네 야스히로 전 총리는 이런 연설도 했다. "러일 전쟁은 아시아 민족에게 우리도 백인을 이길 수 있다는 자신감을 줬다." 그 자리에 놓인 전시

'정로환'은 '전역기념환'으로
상표명을 바꾸기도 했다.

군국주의의 상징 야스쿠니 신사에
전시된 정로환.

정로환이 '황군 위문품으로 최적'이라는 광고(《동아일보》 1940년 3월 20일).

1973년 동성제약은 정로환을 새로 발매하고 광고를 시작했다(《동아일보》 1973년 12월 17일).

물에 정로환이 있었다. 지금도 전범을 기리는 야스쿠니 신사에 정로환
이 버젓이 전시돼 있다.

약은 역사와 사회의 산물

해방 뒤에도 일본에서 수입하던 정로환을 국내에서 생산하기 시작한
때는 1973년이었다. 동성제약 창업주 이선규 회장이 다이쿄제약 전 공
장장을 회유해 원료와 배합 비율 같은 비법을 얻어왔다.

정로환은 본래 용도인 배탈과 설사뿐 아니라 무좀과 탈모 등 근거
없는 민간요법에도 사용했다. 시대가 변하면서 대체 약들이 많이 나오
고 소비량이 줄자 냄새를 가리려고 당의정으로 제조해 판매하기 시작
했지만, 정작 문제는 안전이었다.

크레오소트는 한 가지 성분이 아니라 페놀이나 크레졸 같은 다양
한 방향족 화합물이 섞여 있는데, 그중 크레졸은 암을 일으키는 독성
물질이다. 2011년 건약이 정로환에 위험한 성분이 있다고 지적하자 시
민사회도 안전성을 다시 평가해야 한다고 주장했다. 동성제약은 8년
뒤 크레오소트를 구아야콜로 대체해 '정로환 에프'를 출시했다.

우리는 의약품을 과학과 경험을 바탕으로 증명된 산물이라고 생각
하기 쉽다. 이런 속성 때문에 안전성과 유효성을 제대로 평가하지 않은
채 사용하기도 한다. 그러나 의약품은 사라지기도 하고 원래 속성에서
멀어져 다른 용도로 사용되기도 한다. 모든 약품은 역사성과 사회성을
지니기 때문이다. 정로환도 마찬가지다.

피곤은 간 때문일까

피로 회복제는 없다

"간 때문이야, 간 때문이야, 피곤은 간 때문이야."

스포츠 스타가 부른 이 광고 음악은 간결한 메시지와 멜로디 덕분에 나도 모르게 따라 부르게 된다. 덕분에 제품도 많이 팔린 모양이다. 성공한 마케팅일지는 모르지만 진실하고는 거리가 한참 멀다.

피로는 간뿐 아니라 다양한 원인 때문에 나타날 수 있다. 고된 노동, 영양 부족, 당뇨, 갑상선 기능 저하, 빈혈, 스트레스 등 일일이 셀 수 없을 정도다. 그 중 가장 큰 원인은 수면 부족이다. 장시간 노동과 치열한 경쟁에 따른 긴장과 스트레스 때문에 우리는 충분히 잘 수 없다. 또한 수면의 질도 피로에 절대적인 영향을 미친다. 피로를 풀려면 쉬어야 한다는 사실을 우리는 모두 알지만 막상 그런 여유를 누리기는 어렵다. 그래서 피로 회복제 시장이 형성됐다. 약국에서 가장 흔히 하는 상담 중 하나가 바로 '피로 회복'이다. 정말로 피로를 회복하는 약이 있을까?

'간 때문이야' 광고로 유명한 우루사는 피로 회복제보다는 소화제에 가깝다. 주성분인 우르소데옥시콜린산이 담즙 분비를 촉진하는데, 담즙은 소화액을 분비해 음식물을 소화하고 흡수하는 일을 돕는다. 만성 간 질환 환자나 담즙 분비에 이상이 있는 몇몇 환자를 제외하면 대부분 이 약을 먹지 않아도 담즙은 충분히 분비된다.

이런 약이 어떻게 피로 회복제로 탈바꿈했을까? 술 먹은 뒤 느끼는 피로감이 알코올이 대사되는 과정에서 간에 문제를 일으켜서 나타난다는 믿음 때문이었다. 1980~1990년대 사회 문제의 하나이던 비형 간염 환자들에게 나타난 주요 증상이 '피로'라는 사실도 그런 믿음에 영향을 끼쳤다. 음주는 분명 사람을 피로하게 만든다. 술을 마시면 깊은 잠을 자기 힘들어 수면 시간이 부족하고 알코올 대사 과정에서 아세트알데하이드라는 물질이 생기기 때문이다. 알코올 때문에 간에 문제가 생겨 피곤해진다고 해도 우루사와 피로 회복은 전혀 상관없다. 이 약이 알코올 대사 과정에 아무런 영향을 끼치지 않기 때문이다.

간장약은 간을 치료하기보다는 증상을 개선한다. 간을 침묵의 장기라 부르지만, 우리가 일상생활에서 느끼는 피로는 간에 문제가 있어서 생기지 않는다. 어떤 약이 피로 회복에 효과가 있다면 담즙 분비가 촉진돼 소화 작용이 개선되면서 영양 성분이 더 잘 흡수되는 아주 제한된 이유밖에 없다. 우루사가 한 과대 과장 광고는 감사원과 법원까지 갈 정도로 사회 문제가 됐고, 감사원에 이어 법원은 '간 기능 개선 효과가 충분히 검증되지 못했다'고 판결했다.

우리가 일상에서 피로 회복에 가장 많이 사용하는 '약물'은 카페인이다. 커피나 약국에서 피로 회복제로 판매하는 '드링크' 중 상당수 제품에 카페인이 들어 있다. 실제로 카페인은 피로감을 없애는 효과를 낸다. 그런데 카페인은 각성 효과를 지닌다. 우리가 피로하면 일반적으로 느끼는 졸림, 나른함, 활력 저하 등을 잊게 하는 약물이다. 카페인은 피로를 없애는 대신에 피로를 느끼지 못하게 하는 약물이다.

오히려 카페인을 지나치게 많이 섭취하면 더 피로해진다. 박카스 같은 음료를 피로 회복제로 찾는 사람 중에는 피로해서 마신다기보다 안 마시면 피로해지니까 마시는 사례가 많다. 카페인이 중독 증상을 일으키기 때문이다. 카페인을 많이 섭취하거나 카페인 섭취가 습관이 된 사람은 복용을 중단하면 두통, 피로감, 불안, 자극 과민성, 가벼운 우울 증상을 겪는다. 그래서 더욱더 카페인이 든 제품을 찾게 된다. 감기약이나 두통약 등에도 카페인이 들어 있는데, 이런 약을 치료보다는 피로 회복제로 찾는 사람을 약국에서 흔히 만난다. 그 약에 들어 있는 카페인에 중독된 탓이다.

에너지 드링크는 진짜 에너지를 줄까

박카스 등 카페인이 들어간 자양 강장제가 약국 아닌 곳에서 판매되기 시작하면서 예전에는 수입 허가가 안 난 고카페인 음료인 에너지 드링크가 수입돼 판매되기 시작했다. '에너지 드링크'라는 이름은 마시기만 하면 에너지가 충전되고 활력을 되찾을 수 있다는 느낌을 주지만, 카페인이 내는 각성 효과와 당분 섭취에 따른 칼로리 보강, 극소량의 비타민이 내는 대사 기능 향상 효과를 빼면 커피를 뛰어넘는 특별함은 없다. 그런 음료수가 에너지 음료라면 탄산음료라며 기피하는 콜라도 에너지 음료라 부르지 못할 이유가 없다. 피로를 일으키는 원인을 해결하지 못한다는 단점보다 더 큰 문제는 에너지 드링크를 일반 음료로 인식하면서 청소년이 쉽게 접근할 수 있다는 점이다. 에너지 드링크를 마시는 청소년이 카페인 중독에 빠질 수도 있다.

건약과 참교육을 위한 전국 학부모회가 2012년 7~8월 한 달 동안 전국 중고생 5405명을 대상으로 고카페인 음료 소비 실태를 조사한 결과를 보면 이런 염려는 사실이었다. 조사 대상 청소년의 3분의 1이 넘는 39.6퍼센트가 한 달 동안 고카페인 음료를 마셨고, 하루 최대 20병까지 마신 사례가 있었다. 53.3퍼센트가 잠을 깨기 위해, 32.3퍼센트가 피로를 풀기 위해 고카페인 음료를 마신다고 대답했지만, 실제로 졸음이나 피로 회복에 도움이 된다고 응답한 사례는 19.7퍼센트밖에 되지 않았다. 또한 이런 음료를 마신 적 있는 학생의 79.1퍼센트는 카페인을 많이 섭취하면 집중력 저하나 수면 장애, 카페인 중독 등으로 건강을 해칠 수도 있다는 사실을 알고 있었다.

식품의약품안전처는 청소년 카페인 섭취량을 줄이기 위해 청소년 카페인 일일 최대 섭취 권고량을 몸무게 1킬로그램당 2.5밀리그램으로 정했다. 몸무게 60킬로그램 기준 150밀리그램인 셈이다. 커피 음료 두 잔만 마셔도 넘치는 양이다. 또한 고카페인 음료에 주의 문구를 새기는 등 청소년 카페인 섭취량을 줄이는 다양한 활동을 펼친다. 그렇지만 질병관리청 발표에 따르면 중고생 고카페인 음료 주 3회 이상 섭취율은 2015년 3.3퍼센트에서 2019년 12.2퍼센트로 늘었다. 카페인 섭취량이 가파르게 증가하는 이유는 치열한 경쟁에 따른 수면 부족 때문으로 짐작된다.

2012년 서울시가 발표한 〈통계로 보는 서울 아동·청소년〉에 따르면 서울시에 사는 중고생의 43.4퍼센트는 평소에도 스트레스를 '매우 많이 또는 많이 느낀다'고 대답했다. 스트레스를 받는 원인에서 공부가 57.6퍼센트를 차지하는 사실에서 알 수 있듯이 청소년이 겪는 학업 스트레스는 무척 심각하다. 또한 질병관리청 조사 결과 중고생의 평일 하루 평균 수면 시간은 6.3시간이다. 여성가족부가 발표한 2022년 청소년 통계를 보면 청소년의 평일 평균 수면 시간은 7.2시간이고, 특히 고등학생은 5.8시간밖에 되지 않았다. 미국 국립수면재단에서 권고하는 14~17세 청소년 수면 시간 8~10시간보다 1~3시간 정도 부족하다. 경제협력개발기구OECD 국가의 청소년 평균 수면 시간 8시간 22분에 비교해도 한국 청소년의 수면 시간은 매우 적다. 자는 시간을 줄이더라도 공부를 해야 하는 사회 구조가 각성 효과를 지닌 고카페인 음료를 소비하라며 청소년들을 부추기고 있다.

피로 회복제 찾는 사회? 피곤하면 쉬는 사회!

간장약, 카페인이 들어 있는 자양 강장 음료 말고도 약국에서 파는 피로 회복제는 다양하다. 비타민제, 건강 기능 식품, 홍삼 등도 피로 회복 목적으로 팔린다. 이런 제품들은 건강에 크게 해롭지는 않겠지만 그렇다고 피로 회복을 크게 돕지도 않는다. 현대 사회에서 질병은 대부분 못 먹은 탓이 아니라 너무 많이 먹어서 생긴 병이기 때문이다. 보약이 필요한 시대는 아니라는 말이다. 비타민은 음식으로 충분히 섭취하고 있어서 따로 먹지 않아도 되고, 홍삼 같은 건강 기능 식품은 효과가 대부분 미심쩍다.

그런데도 많은 사람이 피로 회복제를 찾는다. 약국에서 환자들을 상담하면서 이렇게 말할 때가 있다. "피곤하면 좀 쉬어야 합니다. 약을 먹듯이 계획을 짜서 쉴 수 있게 노력해보세요." 그럼 십중팔구 이런 반문을 듣는다. "내가 그걸 몰라서 약을 사 먹는 줄 알아? 쉬면 누가 먹여 살려준대?" 많은 사람이 피로 회복제가 피로를 일으킨 원인을 해결할 수 없다는 사실을 알고 있다. 사람들은 피곤을 풀기보다는 피곤한 일상을 벗어날 도피처로 약물을 선택하는 때가 많다. 몸과 마음에 쌓인 피로를 피로 회복제로 풀 수 있다고 믿으며 위안한다. 피로는 개인이 저항할 수 없는 사회가 강제한 조건이 낳은 산물이라는 사실을 알기 때문이다.

약물 치료가 필요한 피로가 없지는 않다. 만성 피로 증후군, 만성 간염, 결핵, 호르몬 이상, 고혈압, 당뇨, 암 등으로 생긴 피로 증상은 휴식이나 적절한 영양 공급만으로 해결할 수 없다. 반드시 의료진이 진단하고 치료해야 한다. 이런 사례가 아니라면 일상의 무기력감이나 피로는 대부분 약이 아니라 휴식으로 해결할 수 있다.

새벽 일찍 출근해서 아이들이 잠든 밤중에야 퇴근하는 노동자들, 좋은 학교와 직장에 가려고 끝없이 경쟁에 내몰리는 아이들, 경쟁에서 낙오하거나 도태되지 않으려고 누가 강요하지도 않는데 끊임없이 자기를 채찍질하며 살아가는 우리는 피로가 어디에서 오는지 잘 안다.

한병철은 《피로사회》에서 현대 사회를 피로 사회라고 규정하며 이렇게 말했다. "더 많이 일하면 더 높은 성과를 인정받고 더 많은 보상을 얻는다. 그렇게 하라고 강요하거나 시키는 사람도 없건만 나는 나의 자유의지로 죽도록 일하고, 그 결과로 죽을 만큼 피로해진다. 스스로에게 물어보자. 나는 과연 주인인가, 노예인가?"

피로는 현대 사회에만 있는 병리가 아니다. 인류는 전 시대에 걸쳐 늘 피곤했다. 그렇지만 지금 우리가 느끼는 피로는 지난 시대와 전혀 다르다. 지난 시대는 영양 부족과 강제 노동, 병을 치료하지 못하거나 관리하지 못해 생긴 피로라면, 현대 사회는 영양 과잉, 자발적 노동, 치열한 경쟁에 따른 스트레스, 휴식 부족 때문에 피로하다.

그런 점에서 피로는 사회적 질환이기도 하다. 어떤 정치인은 '저녁이 있는 삶'을 만들겠다는 공약을 내걸기도 했다. 가족이 기다리는 저녁에도 일해야 하고, 늦은 밤까지 공부해야 하고, 끝없는 집안일을 해야 하는 사회, 가족끼리 저녁 한 끼 먹기 힘든 경쟁 사회를 개선하겠다는 말이다. 그런 사회를 만들려면 노동과 교육 등 많은 부분을 바꿔야 한다. 사회 전반에 걸친 과잉 스트레스와 긴장을 해결하는 피로 회복제는 충분한 휴식과 행복한 삶이다. 피로 회복제라는 약은 없다. 그래서 우리는 약국이 아니라 사회 문제 해결에서 답을 찾아야 한다.

쉴 수 없는 나라, 약 권하는 사회

약으로 버틴다

박영숙 씨는 오늘도 하얀 쟁반에 담은 4인분 점심 식사를 머리에 이었다. 박 씨는 재래시장에서 음식을 배달하는 일을 한다. 배운 것 없고 기술이라고는 음식 나르기밖에 없다며 천직으로 여기고 살아왔다. 재래시장에서 점심을 나르는 일은 숙련된 사람이 아니면 할 수 없다. 짧은 시간에 몰려오는 주문을 빠르게, 비좁고 구불구불한 골목길을 가로질러 배달하는 일은 쉽지 않다. 박 씨는 이 일만 20여 년을 해 온 베테랑이다. 그래서 누구나 박 씨하고 일하고 싶어한다.

그런 박 씨에게 2년 전부터 서서히 위기가 닥쳐왔다. 처음에는 가끔 손이 저리고 두통이 있는 정도여서 과로라고 생각했다. 그럴 때마다 진통제를 사 먹거나 침을 맞으면서 버텼다. 정형외과에 가서 처방도 받고 물리 치료도 받았다. 증상은 나아지기는커녕 갈수록 심해졌고, 나중에는 고개를 움직이지 못할 지경이 돼 일자리를 잃고 말았다. 병명은 경추 디스크였다. 수술하지 않으면 정상 생활을 할 수 없었다. 4대 보험에 가입하지 않은 영세 업체에서 일한 박 씨는 산재보험 혜택을 받을 수 없었고, 수술비와 재활 치료로 많은 시간과 비용을 써야 했다.

박영숙 씨는 우리 주변에서 흔히 볼 수 있다. 하루 벌어 하루 사는 취약 계층은 제대로 치료를 받을 수 없을뿐더러, 암처럼 중대한 질환이 아닌 근골격 질환만으로도 생존을 위협받는다. 약국에서 자주 만나는 근골격 질환자들 중에는 직업병 환자가 많다. 운동이나 사고로 다치는 환자들은 대부분 치료를 잘 받고 푹 쉴 수 있는 형편이다. 그렇지만 직업 때문에 생긴 병은 치료가 힘들다. 병에 안 걸리려면 일을 그만두거나 쉬어야 하는데, 가족을 부양해야 하는 사람은 그럴 수가 없다. 직업을 쉽게 바꾸지도 못한다. 진통제로 버티다가 부작용 탓에 위궤양에 걸려 이중으로 고통받기 십상이다. 사고가 생기지 않은 상황이면 산업 재해로 인정받기도 쉽지 않다.

안정된 직장에 다니는 사람도 산업 재해를 인정받기가 어렵기는 마찬가지다. 산업 재해를 신청할 때 사업주 동의가 필요한데, 사업주는 보험료율이 올라가고 회사 이미지가 손상된다며 동의는커녕 은폐하려 한다. 피해는 그대로 노동자들에게 옮겨간다. 삼성반도체 사업장에서 일하다가 백혈병에 걸린 사람들이 대표 사례다.

일하다 얻은 병은 네 책임?

2000년 삼성반도체 기흥 공장에 입사한 신송희 씨는 8라인 클린룸에서 반도체 웨이퍼를 검사했다. 각 공정에서 불량이 난 웨이퍼를 재검사하는 일이었다. 입사 첫날 작업장에 들어간 송희 씨는 '어떻게 이런 곳에서 일할까'하고 놀랐다고 한다. 작업장에는 역겨운 지린내가 진동했다. 웨이퍼에서 나는 냄새였다. 웨이퍼에는 각종 공정에서 처리된 화학 약품이 묻어 있었다. 냄새를 못 이겨 일하는 도중에 구토하기도 했다. 먼지를 철저하게 차단하는 클린룸이니 함부로 밖에 나갈 수도 없었다. 쓰레기통을 뒤져 비닐봉지를 찾아 그 안에 토사물을 쏟아냈다.

공장에 소문이 돌았다. "여기서 계속 일하면 고자가 되거나 암에 걸린다." 엔지니어들이 농담처럼 말했지만 불안했다. 그러나 관리자나 엔지니어에게 약품이나 설비에 관해 물으면 지금 하는 일이나 잘하라는 핀잔이 돌아왔다. 그럴 때면 자기가 대학을 나오지 않고 생산직 일을 하니 무시당하나 하는 생각에 위축돼 더는 묻지 못했다. 안전 교육도 없었다. 대신 다른 걸 배웠다. '웨이퍼는 비싸다'는 교육이었다.

"설비 안에 들어간 웨이퍼가 안 나올 때가 있어요. 웨이퍼가 비싸서 깨지기라도 하면 사유서도 써야 하고 안 깨지게 스크래치 안 나게 해야 하는데 매번 설비 엔지니어를 부를 수도 없고, 부르면 한두 시간 뒤에 오는데 그럼 물량이 잔뜩 쌓이거든요. 교대하는 사람에게 그 많은 걸 넘기기 너무 미안해서 그냥 제가 손으로 직접 꺼내서 고치기도 하고 그랬어요."

냄새만 맡아도 고역인 웨이퍼를 손으로 직접 만져야 했다. 코와 피부로 흡수되는 약품이 뭔지 몰라도 기계가 비싸고 웨이퍼가 귀하고 물량은 빨리 빼야 한다는 사실은 알았다. 일은 힘들고 몸은 말라갔다. 결국 송희 씨는 6년 동안 다닌 삼성반도체를 퇴사했고, 2009년 유방암 2기로 판정받았다.

— 희정, 〈"하혈하고 생리 거르더니 백혈병" 우리가 정말 무식해서일까?〉, 《프레시안》, 2010년 11월 16일.

신송희 씨는 산업 재해를 신청하지만 삼성은 거부했고, 근로복지공단도 거부했다. 신 씨는 냉혹한 회사와 사회에 힘겨워했다. 반도체 노동자의 건강과 인권 지킴이 구실을 해온 '반올림'이 집계한 삼성 노동자들의 직업병 피해 제보는 220건을 넘어섰다. 목숨을 잃은 사람도 79명이나 된다. 힘겨운 법정 싸움 끝에 산업 재해로 인정받은 사례는 겨우 2명이다. 그 2명도 이미 백혈병으로 세상을 떠난 뒤였다. 삼성은 산재를 절대 인정하지 않다가 사건이 세상에 알려지고 11년 만인 2018년 11월 사과하고 보상에 합의했다.

한국에서 노동자로 살아가기는 힘겹다. 대기업인 삼성도 직업병을 잘 인정하지 않는데, 더 나쁜 환경에서 일하는 노동자들은 더 심각한 상황이다. 통계에 따르면 2021년 공식 보고된 산재 피해자는 12만 2713명이고 사망자는 2080명으로, 산재 사망자 수는 오이시디 최상위다. 더 심각한 문제는 미숙련 노동자라 할 수 있는 30세 미만 산재 사망자만 1년에 50명이 넘는다는 사실이다. 더욱 놀라운 사실은 이 통계에 박영숙 씨처럼 산재보험에 가입되지 못한 노동자나 삼성반도체 노동자들처럼 산재로 인정받지 못하는 사례가 빠져 있다는 점이다. 국책 연구 기관인 한국노동연구원의 《산업노동연구》 사업체 패널 조사 자료에 따르면 산재 사고 은폐율은 66.6퍼센트나 된다. 산재로 인정된 사례보다 은폐된 산재가 2배 더 많다는 의미다.

산업 재해 피해가 비정규직 등 취약 계층 노동자에 집중된 점도 큰 문제다. 2018년 태안화력발전소에서 일하다가 컨베이어 벨트 사고를 당한 20대 하청 노동자 김용균 씨 사망 사건과 2022년 에스피씨 계열 제빵 공장에서 발생한 20대 여성 노동자 사망 사건은 대한민국 산업

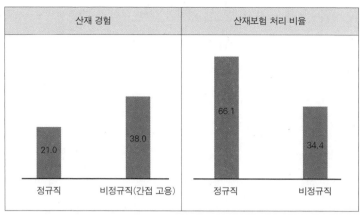

산재 경험		산재보험 처리 비율	
21.0	38.0	66.1	34.4
정규직	비정규직(간접 고용)	정규직	비정규직

출처: 국가인권위원회, 2018년 11월 자료.

재해가 노동자 과실이 아니라 비정규직과 비숙련 노동자들에게 열악한 노동 환경 탓이라는 진실을 적나라하게 드러냈다.

오이시디 국가 중 최장 노동 시간도 산업 재해를 일으키는 중요 원인 중 하나다. 푹 쉬지 못하면 피로가 누적되고 집중력이 떨어지면서 사고가 날 가능성이 커진다. 2021년 11월 한국노동연구원은 산재율에 영향을 미치는 변수로 '근로 시간'을 꼽았다. 주당 근로 시간이 40시간 미만인 사업체는 산재율이 0.101퍼센트이지만, 40~46시간 사업체는 0.165퍼센트, 46~52시간 사업체는 0.246퍼센트, 52시간 이상 사업체는 0.484퍼센트로 급격히 높아졌다. 52시간 이상 사업체는 산재율이 40시간 미만 사업체의 4.8배에 이른다.

약물이 감추는 사회적 불평등

산업 재해 최상위라는 불명예에서 벗어나려면 어떻게 해야 할까? 정부와 사업주들은 '근로자의 안전 의식과 교육 강화'를 해결책으로 들고 나온다. 산재를 노동자 개인 탓으로 돌리려는 무책임하고 비열한 행위다. 사업주가 좀더 안전한 작업장을 만들 수 있게 법적 책임을 강화해야 한다. 중대재해처벌법을 기업과 기업에 동조한 정치인과 언론이 훼손하지 않도록 해야 한다.

그리고 노동 시간을 줄일 수 있게 시간 외 노동을 하지 않으면 급여가 너무 적은 임금 체계를 개편해야 한다. 또한 산재를 판정할 때 직업 연관성을 폭넓게 인정해야 한다. 나이기 산재 전문 인력을 양성하고 역학 조사를 꾸준히 벌여 연구와 관리, 감독을 강화해야 한다.

약사와 의사가 환자에게 가장 쉽게 하는 말 중 하나는 '쉬어야 한다'다. 그렇지만 푹 쉴 수 없는 이유는 개인 의지가 아니라 사회 구조 탓이 더 크다. 보건 의료 전문가들은 자기 몸을 돌보지 않는 환자들을 쉽게 책망한다. "이 지경이 될 때까지 뭐 하셨어요?" 단순하게 질병 치료라는 관점에서 환자를 본다면 약물 처방만 하면서 소극적으로 개입하게 돼 질병이 생긴 원인을 조기에 발견하기 어렵다. 늘 환자를 대할 때 직업이 무엇인지, 직업이 병에 어떤 영향을 끼치는지 생각해야 한다. 정도는 모두 다르지만 직업병이 없는 직업은 거의 없다. 그러나 환자의 직업을 궁금해하는 병원이나 약국은 많지 않다. 약물은 공정하지 못한 사회 속에서 일상을 살아가야 하는 노동자의 몸 안에 투입돼 또 하루를 버티게 만든다. 그렇게 약물은 사회구조의 불평등과 어두운 측면을 은폐하는 도구가 될 수도 있다.

2부

약, 먹어도 병
안 먹어도 병

모든 약은 독이다

서양의 약, 동양의 약

"모든 약은 탄생과 죽음 사이에 있다."

'미술계의 비틀즈'로 불릴 정도로 유명한 데미안 허스트가 '약국'을 주제로 전시회를 열면서 한 말이다. 허스트는 약과 우리의 삶을 불가분의 관계로 파악한 모양이다. 약이 삶과 죽음의 경계면에서 삶을 지속시킬 수도 있고, 죽음을 재촉하기도 하다 보니 예술가의 영감을 자극하는지도 모르겠다.

약은 음식처럼 생존에 필요하다. 인류 역사는 먹을거리를 찾아 노력한 만큼 약을 찾아 헤맨 역사이기도 하다. 동서양을 막론하고 약에 관한 우화나 신화를 흔히 볼 수 있다. 그런데 이런 우화나 신화들을 들여다보면 동양과 서양은 약을 바라보는 관점이 같은 듯 다르다.

동양은 신농에서 시작된다. 신농은 풀이 지닌 효능을 알고 싶어서 온갖 풀을 다 먹어본다. 신농은 쟁기와 보습 등 농기구를 만든 농업의 신이기도 하다. 의약과 농업이 같은 신에서 유래했다는 전설은 '약과 음식은 하나'라는 동양식 관점을 잘 드러낸다. 그래서 대체로 동양에서는 약을 긍정적으로 생각하고 보약이라는 개념도 잘 받아들인다. 지금도 '약이 되는 음식'이라는 표현을 일상적으로 쓴다.

서양은 약 개념이 좀 복잡하다. '드럭drug'은 '치료 약'이라는 뜻이지만, '마약'이라는 뜻도 있다. 약국이나 약사의 어원인 '파르마콘 pharmakon'은 약물, 치료, 독 등 모순되는 여러 의미를 지닌 그리스어다. 철학 용어로 하면 모호하다는 뜻이다. 여기에서 알 수 있듯 서양은 고대부터 약이란 삶을 유지하거나 사람을 죽게 한다고 생각했다. 서양 역사를 보면 유독 독약이 많이 나오는데, 이렇게 독성 강한 약을 찾아내는 과정에서 약이라는 개념이 나왔다. 서양에서는 '모든 약은 독이다'는 격언을 자연스럽게 받아들인다.

현대 의약은 서양에서 말하는 약 개념을 대체로 받아들이고 있다. 그런데 독이자 약이라는 약이 지닌 이중 속성을 가려내 치료 효과와 독성을 알아보고 투약한 시기는 50~60여 년밖에 되지 않았다. 근대 제약 산업이 시작된 1800년대 중후반에 지금은 거대 다국적 제약사가 된 일라이 릴리와 머크 등은 정체를 알 수 없는 비밀 제조 약을 팔고 다녔다. 큰 인기를 끌었지만 성분이나 몸속에서 일어나는 약리 작용은 광고 문구 말고는 알려진 내용이 없었다.

1885년에 실시한 조사에서 이 약품들은 주성분이 퀴니네와 모르핀으로 밝혀졌다. 머크는 코카인을, 바이엘은 헤로인을 팔았다. 이런 마약들은 급성 설사와 복통을 치료할 뿐 아니라 해열과 진통 작용이 뛰어나 명약으로 대접받았다. 그러나 만성 중독을 일으켜 양을 점점 늘리지 않으면 효력이 없어지고 사용을 중단하면 심각한 금단 현상을 불러와 정상 생활을 못하는 부작용이 있다. 이렇게 성장한 제약사들이 지금까지 막강한 영향력을 행사하는 현실은 마약과 약의 밀접한 관계를 잘 보여준다.

가가멜의 약, 파파 스머프의 약

약을 대하는 서양의 이중적 관점은 〈개구쟁이 스머프〉라는 애니메이션에도 잘 드러난다. 스머프 마을의 족장 파파 스머프는 의사이자 약제사이기도 하다. 약을 독이라는 관점에서 본다면 독약 제조에도 일가견이 있는 셈이다. 파파 스머프의 권력을 빼앗으려는 사악한 마법사 가가멜이 자연에서 얻은 여러 재료를 도가니에 넣고 끓여서 약을 '한 모금' 정도 만드는 장면이 나온다. 약제사를 안 좋게 생각한 중세 암흑시대의 흔적이 가가멜을 거쳐 드러난다. 중세 시대에는 신만이 인간을 치유할 수 있다고 믿어서 뛰어난 약제사들은 마녀나 사탄으로 낙인찍혀 처형됐다. 또한 약사는 약을 구하기보다는 만드는 사람으로 여겨진 사실도 알 수 있다.

동양이나 서양이나 자연 재료를 끓이거나 가공해 약을 만드는 방식은 똑같다. 서양에서는 가가멜처럼 추출하고 농축해 한 모금만 만든다. 이 '한 모금'이라는 용량은 동양과 서양의 또 다른 차이다. 서양에서 약은 '소량 또는 미량으로 인체 질병을 치료하는 물질'을 말한다. 마이크로그램 정도로 아주 적은 양이 상용량인 약도 있고, 1그램 안팎이 상용량인 약도 많다. 서양은 많이 먹어야 효과가 있을 때는 약보다 식품으로 받아들인다. 독약하고 함께한 역사라서 그렇다. 독약은 다른 사람이 눈치채지 못하게 해야 하는 약이기 때문이다.

반면 동양은 수십 가지 약재를 끓여서 만든 '한 사발'의 약을 자연스럽게 받아들인다. 추출하거나 농축하지 않고 국물을 우려내듯 만든다. 물론 요즘은 추출하고 농축해서 캡슐이나 엑스제로 만든 한약도 있다.

약은 용량에 따라 전혀 다른 효과를 낸다는 점도 약의 이중성을 잘 나타낸다. 프로스카는 전립선 치료제이지만 용량을 줄이면 탈모 치료제 프로페시아가 된다. 항생제 독시사이클린은 용량을 줄이면 잇몸 강화제가 되고, 해열 진통제 아스피린은 용량을 줄여 혈전 생성 억제제로 쓴다. 용량을 다르게 해서 전혀 상관없는 병을 치료하는 데 쓰는 일은 전문가인 약사가 봐도 신기하다.

약은 용도에 맞게 정확한 양을 써야 한다. 많은 약화 사고는 오용과 남용 탓으로 생긴다. 약을 필요한 곳에 쓰지 않고 전혀 엉뚱한 질환에 사용한다든지 지나치게 많은 양을 사용하면 부작용이 나타난다.

효능과 부작용이라는 이중성

약의 개념 중 재미있는 요소가 바로 부작용이다. 우리는 흔히 부작용을 약의 해로운 작용 정도로 이해하는데, 정확히 하면 유해 작용이라 부른다. 부작용의 영어식 표현인 '사이드 이펙트side effect'도 부가로 발생하는 효과를 말한다. 유해 작용도 부작용의 하나라 할 수 있다.

발기 부전 치료제 비아그라는 처음에 협심증 약으로 개발됐다. 그런데 이 약을 복용한 남성들이 성기가 발기하는 특이한 부작용을 겪게 되자 제약사는 협심증 약이 아니라 성기능 장애 개선제로 바꿔 판매했다. 부작용이 효능이 된 대표 사례다. 미녹시딜도 혈압약에서 발모제로 바뀌었다. 이렇게 동전의 양면처럼 보이는 부작용과 효능은 결국 무엇을 바라고 투약하느냐에 따라 나뉜다.

유해 반응을 이용한 약물 요법도 등장했다. 카페인이 지닌 식욕 저하 작용을 다이어트에 이용하는 방식이 대표적이다. 거머리에 물리면 피가 멈추지 않는 현상을 응용해 혈전 치료제를 만들거나 알레르기 치료제인 항히스타민제가 내는 졸음 부작용을 이용해 습관성 없는 수면제로 사용하기도 한다.

원하는 작용만 노리고 투약하는 서양 의학에 견줘 동양은 부작용 개념이 발달하지 못했다. 동양은 한약을 먹고 얼굴이 빨개지거나 졸리거나 식욕이 당기는 현상을 치료 과정에서 일시적으로 나타나는 '명현 현상'이라고 부른다. 한두 가지 물질이나 특정한 신체 반응으로 병의 원인을 판단하지 않고 병증을 총체적으로 파악하는 진단법은 약에도 나타난다. 부작용으로 보지 않고 피할 수 없이 함께 나타나는 작용으로 여긴다.

약을 바라보는 관점과 사용하는 개념이 동서양이 다르다고 해도 건강을 되찾으려는 목적은 분명히 같다. 그렇지만 약은 잘못 사용하면 안 쓰느니만 못할 뿐 아니라 독으로 작용한다. '모든 약은 독이다'는 격언은 약의 위해성을 뜻하지만 그만큼 조심스럽게 사용하라는 뜻이기도 하다. 이 격언을 늘 명심해야 한다.

유럽은 금지한 약이 한국에?

안전과 불안전을 가르는 경계

미국 유타 주에 사는 그렉 그룬버그는 1988년 6월 19일 어머니 머리에 총 여덟 발을 쐈다. 생일 하루 전날 축하 카드 대신 건넨 선물이었다. 1년 뒤 법원은 그룬버그에게 무죄를 선고했다. 약물 부작용으로 생긴 환각 상태에서 저지른 범행이라는 이유를 들었다. 그룬버그가 먹은 약은 신경 안정제와 수면제로 널리 처방되던 할시온이었다.

할시온은 수면제로 많이 쓰는 약이다. 이 사건이 생긴 뒤 1991년 영국, 노르웨이, 핀란드 등에서 오래 먹으면 피해망상, 기억 손상, 환각증 등 심각한 부작용이 나타날 수 있다는 이유로 할시온 사용을 금지했다. 사용을 허가한 국가들도 대부분 10일 미만 단기 처방만 쓸 수 있게 규제한다. 그러나 한국에서 이 약은 여전히 쓰이며 장기 처방도 많이 한다.

2009년 식품의약품안전처가 할시온의 위험성을 고려해 7~10일 단기 처방으로 허가 사항을 변경한 뒤에도 2010년 국정감사 자료에 따르면 여전히 장기 처방이 남발되고 있다. 보험 급여는 제한하지만 10일 넘는 장기 처방을 비급여로 처리하기 때문이다.

2021년 7월 할시온을 제조한 다국적 제약사가 한국 시장에서 철수하기로 결정했다. 안전성 문제로 규제를 받은 탓이 아니라 후발 대체 약품과 제네릭 의약품이 성장해 시장성이 없다고 판단한 탓이었다. 할시온하고 성분이 동일한 국내 제네릭약은 여전히 처방되고 있다. 대표적인 한 제네릭약은 2019년 생산 실적이 약 29억 2000만 원이다. 2020년 3월부터 2021년 2월까지 1년간 40만여 명이 복용했다.

한 다국적 제약사는 2004년 미국에서 '뉴론틴'이라는 약물 때문에 벌금으로 4억 3000만 달러를 물었다. 미국 식품의약국이 간질 보조 치료제 등으로 승인한 뉴론틴을 당뇨병성 신경병증 등에 효과가 있다고 불법 판촉 행위를 한 탓이었다. 그런데 미국에서 처벌받은 바로 그 효능을 한국에서는 합법적으로 '허가'받아 팔고 있다.

이런 사례에서 알 수 있듯이 같은 약이라도 모든 국가가 똑같이 대접하지 않는다. 효능이나 금기 사항, 부작용 정보 등 국가마다 다른 부분이 꽤 많고, 심지어 한 나라에서 퇴출한 약이 다른 나라에서 버젓이 팔리는 사례도 아주 흔하다. 부작용이 알려져 있는데다가 한 나라에서 위험한 약이 다른 나라에서 위험하지 않다는 보장도 없는데, 왜 이런 일이 일어날까?

국경을 뛰어넘는 부작용

제약사는 효과와 안전을 입증할 책임이 있다. 각국 보건 당국은 대개 그 자료를 기초로 허가를 낸다. 그런데 제약사는 자사 제품에 불리한 자료를 제출하지 않거나 숨기기도 한다. 제약사 쉐링은 다이안느를 한국에서 여드름에 좋은 피임약이라고 광고했다. 반면 캐나다나 영국 등은 간에 끼칠 수 있는 독성 때문에 절대로 피임약으로 써서는 안 되며 오로지 호르몬에 관련된 심각한 여드름에 짧은 기간만 사용하라고 여러 번 경고했다. 2007년 다이안느는 건약 등 시민단체가 한 고발 때문에 행정 처분을 받고는 여드름 치료제로 허가 사항을 변경했다.

'한국인의 두통약! 두통, 치통, 생리통에 맞다! 게보린!'이라는 광고로 유명한 게보린도 비슷하다. 게보린에 든 이소프로필안티피린은 재생 불량성 빈혈 같은 치명적인 혈액학적 부작용, 인지 기능 저하, 경련, 부정맥 등 논란이 있는 성분이다. 이미 아일랜드, 터키, 이탈리아 등은 안전성 문제로 퇴출한 성분이지만 한국은 여전히 사용한다. 미국과 캐나다는 이 성분이 든 약품을 아예 판매하지 않는다.

2008년부터 시민사회단체가 여러 차례 문제를 제기한 끝에 2012년 게보린의 안전성을 재평가했다. 3년여 연구 뒤에 식품의약품안전처는 일부 주의 사항을 수정하는 선에서 시판 유지를 결정했다. 아일랜드와 이탈리아 등에서 안전 문제로 게보린 제제를 퇴출한 세계보건기구 보고서를 언급하지만 시판 회사가 이 사실을 부인한다며 결론을 내리지 못했다. 여러 나라 보건 당국이 제출한 보고서를 근거로 작성된 세계보건기구 자료를 믿지 않고 회사가 하는 주장을 받아들였다.

시판을 아예 안 한 국가도 상황이 의심스럽다. 제약사는 미국 식품의약국에 허가를 신청한 적이 없다고 밝혔다. 그렇지만 미국 식품의약국은 개별 약물에 관한 허가 신청 여부를 회사 기밀을 이유로 알려주지 않는다. 제약사가 미국에서 판매를 원해 허가를 신청하지만 미국 식품의약국이 안전성 문제로 허가를 거부한 약물일 수도 있다는 말이다. 처음부터 허가를 신청하지 않은 약물이라는 일방적인 주장을 믿을 수 없다.

범인은 바로 숨기려는 자

자본주의 사회에서는 제약사가 불리한 정보를 숨기려는 행동은 자연스럽다. 그렇기 때문에 규제하고 감독할 시스템이 필요하다. 이런 은폐 행위를 엄격히 처벌하는 규정을 마련하고 허술한 관리 감독 기능을 개선할 인력과 예산도 확보해야 한다.

이 문제를 제약사에만 맡겨놓는다면 환자들에게 치명적일 수 있는 정보는 사라지거나 폐기될 수밖에 없다. 쓰레기통에 버릴 정보는 제약사가 할 선택에 달려 있고, 사라진 정보 때문에 입을 손해는 전적으로 환자 몫으로 남게 된다.

장수 의약품도 다시 보자

구관이 명관일까

판매한 지 오래된 의약품은 장기간 사용하면서 효과와 안전성이 입증된 약물이라 할 수 있다. '구관이 명관'이라는 말은 의약품에도 해당된다. 오랫동안 판매된 의약품은 신약보다 부작용 정보가 많이 알려져 있고 유효성도 충분히 검증돼 대체로 믿을 만하다.

한편으로 허가를 받은 수십 년 전에는 기술과 제도가 미비해 개선된 절차를 거치지 않고 의약품을 개발한 한계도 있다. 처음부터 완벽한 약이 출시되면 좋겠지만, 의약품은 속성상 오랜 기간 사용해 부작용 사례가 쌓이면서 끊임없이 안전성을 평가받는다.

수십 년 동안 '한국인의 두통약'으로 쓰인 게보린은 1977년 처음 판매될 때부터 진통제 시장의 절대 강자였지만, 무려 32년이 지난 2009년 3월부터 짧은 기간만 사용할 수 있게 됐다. 이 약에 들어 있는 이소프로필안티피린 성분이 재생 불량성 빈혈, 과립 백혈구 감소증, 무과립구증 같은 혈액 질환이나 의식 장애 같은 부작용을 일으킬 수 있기 때문이다.

2005년부터 2015년까지 10년간 12억 정이나 판매된 의약품이지만, 2015년 안전성을 재평가한 결과 심한 혈액 이상 환자, 심장 기능 저하 환자, 술 마신 사람 등은 복용할 수 없게 됐다. 15세 미만은 복용이 아예 금지되고, 5~6회 복용한 뒤 증상이 개선되지 않으면 즉시 복용을 중단하고 전문가를 만나 상담해야 한다. 미국, 캐나다, 뉴질랜드 등 일부 국가는 이소프로필안티피린 성분을 판매하지 않고 있다. 또한 대체 약이 많은데도 굳이 이 약을 판매할 이유도 없다. 게보린은 2018년에도 매출 138억 원을 기록했다.

비슷한 사례로 '걸렸구나 생각되면'이라는 광고로 유명한 콘택 600이 있다. 50년 넘게 쓰인 이 약은 2004년 페닐프로판올아민 사건으로 유명세를 탔는데, 부작용으로 뇌졸중이 생길 수 있다는 문제가 제기돼 아예 허가가 취소됐다.

허가가 취소되는 오래된 약들

오래된 약이지만 요즘 들어 사용량이 갑자기 증가한 트라마돌이라는 진통제도 그렇다. 단일 성분으로 미국과 영국 등에서 16세 이상, 5일 이내만 사용하도록 허가한 약이다. 소아에게 치명적인 호흡 억제 작용 때문이다. 한국은 2019년에야 12세 미만 소아와 편도 절제술, 아데노이드 절제술을 받은 18세 미만 환자에게 사용을 금지했다. 이때도 사용 기간에 제한은 없었고, 2021년에야 사용 기한 제한이 생겼다. 이마저도 '가능한 한 짧은 기간 동안'이라는 애매한 규정으로 변경해 5일 이상 처방하는 사례가 지금도 빈번하다. 이 약은 모르핀이나 코데인 같은 마약성 약물하고 화학적 특성이 비슷해 중독 문제가 끊임없이 제기됐다. 그러다 다른 성분을 복합해 울트라셋이라는 상품으로 다시 시장에 나온 뒤 널리 쓰이게 됐다.

이 울트라셋에 포함된 또 다른 성분은 아세트아미노펜으로, 진통제인 타이레놀 성분이다. 미국 식품의약국은 아세트아미노펜이 심각한 간 손상을 일으킬 수 있다고 여러 번 경고했다. 2009년 7월 한국 식품의약품안전처도 이 성분을 비롯한 진통제 성분을 처방할 때는 부작용에 더 유념하라고 경고했다.

2018년 유럽은 천천히 방출되는 아세트아미노펜 서방정을 퇴출했다. 서서히 방출되다 보니 체내에 머무르는 시간도 길어져서 용량이나 용법을 지키지 않으면 약물 과다 복용으로 간 손상 같은 위험을 일으킬 가능성이 더 커지기 때문이었다.

약효 없어서 퇴출되는 약들

발매된 지 오래된 약들은 주로 뜻하지 않는 부작용으로 사용이 중단되지만 효과가 없어서 중단되기도 한다. 치매 치료제로 오랫동안 쓰인 이데베논, 프로펜토필린 등 뇌 순환 대사 개선제는 재평가 결과 치매에 전혀 효과가 없다고 밝혀져 퇴출됐다.

또 다른 장수 의약품으로 콜린알포세레이트가 있다. 이 약도 치매 예방약이자 뇌 영양제로 소문나서 환자가 직접 의사에게 처방을 요청하기도 하고, 의사도 사소한 건망증 증상에 처방하기를 주저하지 않았다. 그 결과 2018년 건강보험에서 청구 금액 2위를 차지했다. 아주 비싼 항암제는 물론 많은 환자가 먹는 혈압약이나 당뇨약에 드는 돈보다 더 많은 금액이 건강보험과 환자가 직접 부담한 약값으로 나갔다. 이 약은 2017년부터 효과를 둘러싸고 논란이 일어났지만 2021년에도 5000억 원 넘게 사용됐다. 2000년부터 2조 원 넘게 사용한 약은 효과를 증명할 논문 하나 없는데도 바로 퇴출되지 않는다. 지금도 재평가하고 있다. 의약품 재평가에 보통 3년 이상 걸리기 때문에 그 기간 내내 환자들은 맹물 약에 큰돈을 낭비하게 된다.

오래되고 널리 쓰이는 약이 꼭 안전하고 유효한 약은 아니다. '꺼진 불도 다시 보자'는 구호가 새삼스럽지 않다.

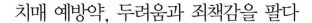

치매 예방약, 두려움과 죄책감을 팔다

어려운 치매 치료제 개발

치매는 두려운 질병이다. 사랑하는 사람의 얼굴을 지우고, 함께한 추억을 잊고, 일상을 살아가는 데 필요한 최소한의 지혜마저 잃어버리는 병이다. 치매라는 말 자체가 라틴어로 '정신이 없어진다'는 의미다. 단순히 뭔가가 잘 생각나지 않는 수준이 아니라 지난주 가족 모임 자체를 기억하지 못하고, 버스 번호가 헷갈리는 정도가 아니라 매일 다니는 길을 잃어버려 집을 못 찾고, 어떤 사람 이름이 잠시 떠오르지 않는 단계가 아니라 아예 그 사람을 잊어버리는 병이 치매다.

알츠하이머병은 치매를 일으키는 가장 흔한 원인이지만 안타깝게도 지금은 치료제가 없다. 발병 기전도 정확히 모른다. 신경 전달 물질인 아세틸콜린 합성 감소, 베타아밀로이드 침착 등 신경 세포 손상이 주된 요인으로 알려져 있었지만, 2022년 과학 학술지 《사이언스》에는 2006년 미네소타 대학교 연구팀이 알츠하이머를 유발하는 베타아밀로이드를 다룬 논문을 조작한 의혹을 다룬 논문이 실렸다. 미국과 한국에서 알츠하이머병에 승인받은 치매 치료제인 도네페질, 갈란타민, 리바스티그민, 메멘틴은 원인조차 알 수 없는 알츠하이머병 증상을 잠시 완화하고 병의 진행을 지연하는 효과밖에 없다.

한편 2018년 프랑스 정부는 치매 치료제 4종에 보험 급여를 중지하는 결정을 했다. 효과는 미미한데도 심장 박동을 느리게 했고, 심차단, 실신, 어지럼증, 신부전 같은 부작용은 환자 생명을 위협할 정도로 컸다. 다른 약들하고 상호 작용이 너무 잦아 이익보다 위험이 커서 환자 보호가 더 중요했다.

여러 제약사가 치매 치료제를 개발하려 온갖 노력을 기울였다. 100개 넘는 물질을 실험하지만 모두 실패했고, 2021년 미국 식품의약국은 바이오젠의 아두카누맙만 논란 속에서 허가했다. 많은 연구자가 이 결정을 비판했고, 유럽 규제 당국은 유효성 등 근거가 충분하지 않다는 이유로 제약사가 낸 승인 신청을 거부했다. 원인조차 밝혀지지 않은 탓에 치매 치료제 개발은 무척 어려운 과제다.

한국만 유행하는 치매 예방약

그런데 유독 한국에서 치매 예방약으로 잘 나가는 약이 있다. 바로 글리아티린으로 알려진 콜린알포세레이트다. 콜린알포세레이트는 2019년에 무려 3525억 원이 건강보험에서 지출됐다. 환자 본인 부담금은 빼놓더라도 이 금액은 보건복지부가 국가치매관리사업과 치매안심센터를 운영하고 치매 환자 대상 요양병원을 지원하는 등 치매 관리에 사용하는 한 해 예산의 두 배 수준이다. 치매 치료제도 개발하지 못하는 세상에 치매 예방약이 있다니, 그것도 한국에서만 유행하다니, 고개

프랑스 치매 전문 병동(UCC) 운영 기준	
운영 목표	다양한 비약물, 약물 프로그램을 통해 증상을 완화해 지역사회로 복귀하게 함
입원 판단	의사의 판단
입원 기준	알츠하이머 및 기타 치매 환자 - 이동할 수 있는 환자 - 공격성, 행동 장애(환청, 흥분, 불안, 수면 장애 등) 정신 행동 증상 환자
입원 기간	최장 4주 - 퇴원한 뒤 치료가 어렵다면 4주 초과할 수 있음

프랑스 치매 전문 병동 설치 기준	
기본 설치 공간	병상수 12병상 평균 10~12개 1인실 면적 약 196.6평(650제곱미터) 공동 거실 배회 공간 프로그램실
기타	다중 감각 공간 진정실 광천 요법실 야외 공간 치료 공간, 부엌 정원(실내 정원) 환자나 가족의 개인적 공간

를 갸웃거릴 수밖에 없는 상황이다.

콜린알포세레이트는 식약처에서 '뇌혈관 결손에 의한 2차 증상 및 변성 또는 퇴행성 뇌기질성 정신증후군, 감정 및 행동 변화, 노인성 가성 우울증'으로 허가받았다. 어려운 말일지도 모르지만, 현실에서는 '요즘 깜빡깜빡 잘 잊어버려요' 정도로 말해도 손쉽게 처방받을 수 있다는 뜻이다. 콜린알포세레이트를 판매하는 제약사들은 치매 전 단계인 경도 인지 장애를 치료할 수 있는 약이라고 주장하는데, 그렇게 획기적인 약이라면 왜 유독 한국에서만 선풍적인 인기를 끌까?

콜린알포세레이트가 뇌에 전달한다는 콜린은 아세틸콜린 전구체로, 신경막 세포를 안정시키는 데 도움을 준다고 한다. 이 성분은 자연계에도 널리 존재해서 콩이나 달걀 등 식품을 먹어도 충분히 섭취할 수 있다. 심지어 미국에서는 의약품으로 허가조차 받지 못해 효과를 입증할 필요가 없는 건강 기능 식품으로 팔리고 있다. 전세계적으로 치매 환자와 경도 인지 장애 환자가 증가하면서 의약품 개발에 관심이 쏠리고 있지만, 콜린알포세레이트는 주목받지 못하고 있는 약물이다.

두려움과 죄책감의 틈바구니

부모는 치매에 걸려서 자기는 물론 자식들 삶까지 파탄 날까 봐 두려워하고, 자식들은 부모를 위해 뭐라도 하지 않으면 죄책감에 시달린다. 그 틈을 파고든 약이 바로 콜린알포세레이트다. 두려움을 이용해 약을 판촉하는 제약사, 약 처방과 조제로 이익을 얻는 전문가, 이런 상황을 허용하는 정부가 모두 더 건강한 몸과 마음으로 가족하고 함께하려는 사람들을 우롱하는 현실이 어이없다.

치매 예방약은 없다. 골고루 먹고, 즐겁게 웃고, 적당히 운동하는 삶이 최선의 예방약이다. 고통받는 환자와 가족들이 의미 없는 약에 의존하는 시대를 끝내야 한다. 여기저기서 치매국가책임제를 외치던 한국도 환자의 일상생활을 보장하고 보호자의 삶의 질을 높일 방안에 정부 기금을 사용하겠다는 프랑스 정부의 판단을 되새겨봄 직하다.

약처럼 생겼다고 모두 약은 아니다

"나 요즘 약 먹잖아"

요즘 김복순 할머니는 하루하루가 즐겁다. 칠순을 넘어 여기저기 아프고 외롭던 차에 집에서 가까운 거리에 매일매일 노인들이 모여 가벼운 공연도 보고 노래도 부르는 곳이 생겼다. 더군다나 재미있게 해줘서 고마운데다 공연이 끝날 때마다 화장지를 무료로 나눠주니 이곳보다 더좋은 곳은 상상하기 힘들 정도였다. 그런데 이렇게 공짜로 다니다 보니미안한 마음이 새록새록 싹트기 시작했다. 행사장 사람들은 부담 갖지 말고 오라지만 부담이 없지 않던 무렵에 지병인 당뇨나 고혈압에 좋은 약을 판다고 하니 솔깃하지 않을 수 없었다.

행사장에서 산 약을 먹으니 건강이 좋아지더라는 노인이 늘어났고, 병원 약을 끊은 사람도 있다는 소문도 돌았다. 그래서 당뇨에 좋다는 약을 40여만 원어치를 샀다. 처음에는 효과가 있었다. 왠지 몸도 가벼워지고 당뇨와 혈압에도 효과가 있는 듯했다. 착각은 오래가지 않았다. 매달 다니는 병원에서 진찰을 하니 당뇨와 혈압 수치가 모두 높게 나왔다. 할머니는 왠지 모를 배신감이 들었다. 무엇보다도 효과 없는 약을 사는 데 큰돈을 써 용돈 주는 아들한테 미안해 속앓이가 심했다.

약국에서 자주 듣는 이야기다. 떠돌이 약장수들이 떠드는 판매 술책에 넘어가 건강 기능 식품을 뛰어난 치료제로 알고 큰돈을 쓰는 노인들이 있다. 건강 기능 식품은 캡슐이나 정제 등으로 가공하고 업체명도 제약사 이름하고 비슷해 약으로 오인하기 쉽다.

건강 기능 식품은 약이 아니라 식품

건강 기능 식품은 '인체에 유용한 기능성을 가진 원료나 성분을 사용해 정제, 캡슐, 분말, 과립, 액상, 환 등 형태로 제조·가공한 식품'을 말한다. 여기서 기능성은 영양소를 조절하거나 생리학적 작용 같은 용도에 유용한 효과를 얻는 일을 말한다. 미네랄, 인삼, 디에이치에이, 클로렐라, 알로에, 프로폴리스 등 30여 종이 현재 식품의약품안전처가 인정한 건강 기능 식품이다. 약리적 효과는 낮지만 신체 기능과 생리 현상을 조절해서 질병 치료를 돕기도 한다.

콜레스테롤을 낮추는 데 도움을 준다는 감마리놀렌산, 레시틴, 키토산, 키토올리고당, 관절에 도움을 주는 뮤코 다당 단백, 글루코사민, 면역 기능에 도움을 주는 인삼과 홍삼처럼 건강 기능 식품은 특정한 질병이나 특정한 신체 기능이 약한 사람에게 도움이 된다.

잘 먹으면 약이 되지만 잘 못 먹으면 독이 된다는 말은 건강 기능 식품에 그대로 적용된다. 건강 기능 식품들은 치료 효과를 노리고 투약하는 의약품이 아니다. 생김새가 의약품 비슷하다고 질병 치료를 기대하면 매우 위험하다. 의약품으로 오인할 수 있는 광고나 설명을 내세워

건강 기능 식품 주요 부작용

성분명	복용 주의 환자	주의사항
오메가3 (DHA EPA)	혈전 용해제 복용자, 고혈압 환자	지혈 안 됨, 혈압 저하
스쿠알렌	혈전 용해제 복용자, 고지혈증 환자	지혈 안 됨, 설사, 위장 장애, 콜레스테롤의 구성 성분
달맞이꽃 종자유	혈전 용해제 복용자	지혈 안 됨
맥주 효모	통풍 환자	퓨린이 요산 생성
프로폴리스	위염 환자	복통 유발
콘드로이친	골절 환자, 성장기 청소년	신생 혈관 생성 억제
글루코사민	당뇨 환자, 급성 통증 환자, 혈전 용해제 복용자, 천식 환자, 18세 이하 어린이, 임산부와 수유부, 알레르기(게, 새우)	일시적 혈당 상승, 빈맥, 졸음, 두통, 불면, 홍반, 가려움, 연골 활액 고갈을 초래해 연골 재생에 역작용
화분 제품	알레르기	알레르기 유발
로열 젤리	알레르기	알레르기 유발
알로에	저산증(베라), 궤양 환자, 설사 환자	위산 분비 촉진(아보레센스), 설사
키토산	골다공증, 지용성 약제 복용자, 알레르기(조개류), 비타민과 미네랄 흡수 이상 환자	칼슘 배설 촉진, 복부 팽만감, 지용성 비타민, 지방산 흡수 억제
홍삼	고혈압 환자	두통, 불면, 가슴 두근거림, 혈압 상승
엽산	비타민 비 12 결핍자(특히 노인)	신경 증세 진단 늦어져 간접 독성

출처: 건강사회를 위한 약사회.

제품을 판매하려는 업자에게 현혹되지 말아야 한다. 특히 의약품을 대체할 수 있다는 말에 복용 중인 약을 끊거나 복용량을 임의로 줄이면 매우 위험하다. 건강 기능 식품을 치료 목적으로 먹으면 절대 안 된다.

식품의약품안전처에 따르면 건강 기능 식품을 구매하는 목적은 71.7퍼센트가 치료, 건강 증진이 13.2퍼센트, 성인병 예방이 7.5퍼센트 순이었다. 이 결과는 건강 기능 식품을 치료 효과 있는 의약품으로 오인하는 사람이 많다는 현실을 보여준다. 물론 의사나 약사가 건강 기능 식품을 보조 치료제 개념으로 처방하거나 투약할 때도 있다. 그러나 이때도 의약품을 주 치료제로 복용한다는 단서가 달린다는 점을 알아야 한다.

건강 기능 식품이 '식품'이다 보니 부작용이 전혀 없다고 말하거나 그렇게 아는 사람이 많은데, 잘못된 상식이다. 우리 몸에 들어오는 모든 물질은 뭐든 이상 반응을 일으킬 수 있다고 봐야 상식적이다. 2023년 식품의약품안전처에 보고된 건강식품 이상 반응 의심 신고 건수는 1434여 건이며, 건강 기능 식품 시장이 커지면서 부작용 신고 건수도 매년 늘어나는 중이다.

건강 기능 식품이 일으키는 가장 흔한 부작용은 소화 불량, 가려움 등 알레르기, 어지러움, 배뇨 곤란 등이다. 이상 반응이 나타나면 곧바로 섭취를 중단해야 한다. 명현 증상이라며 일시적인 현상이니 계속 먹어도 된다는 말을 따르다가 자칫 다른 질병으로 이행될 수 있으니 주의해야 한다.

다른 약들이나 여러 가지 건강 기능 식품을 동시에 먹거나 권장량보다 많이 먹으면 부작용이 나타날 가능성이 커진다. 특히 간 기능과 신장 기능이 약한 노인은 반드시 의사나 약사를 만나 상담한 뒤에 먹어야 한다.

건강 기능 식품보다 더 문제 많은 건강식품

건강 기능 식품이 의약품으로 오인돼 팔리는 일도 문제이지만, 단순한 건강식품이 마치 기능성 약품처럼 판매되는 일은 더 심각하다. 건강식품이란 예부터 건강에 좋다고 여겨 먹은 식품으로서 식품의약품안전처 인증을 받지 않은 제품을 말한다. 누에 가공품, 차 추출물, 마늘 엑기스 등이 대표적이다. 당뇨를 치료하고 암을 예방한다는 등 전혀 근거 없는 광고를 일삼아 건강 기능 식품보다 더 문제다.

건강 기능 식품은 반드시 식품의약품안전처에서 인증한 마크를 확인한 뒤 사야 한다. 판매는 큰 제한이 없어 백화점, 마트, 의원, 약국, 홈쇼핑, 인터넷 등에서 쉽게 구할 수 있다. 다단계와 방문 판매는 가격 거품이 심하고 수익에 급급해 과장된 효능을 내세우지만 규제할 수단이 마땅히 없다. 주로 지인에게서 정보를 얻다 보니 신뢰할 수 없고 충동 구매를 하기 쉽다. 건강 기능 식품 정보는 쉽게 찾을 수 있으니 구입 전에 반드시 자기에게 적합한지 꼼꼼하게 따져야 한다. 특히 약을 먹고 있는 환자는 반드시 의사와 약사에게 먼저 문의한 뒤에 먹어야 한다. 뜨내기 판매상이나 공짜 여행과 무료 영화를 앞세워 사람을 모으는 곳에서는 절대 구입하지 말자. 부작용이 나타나도 반품할 수 없고, 품질을 보증하지 못하는 제품일 수 있기 때문이다.

약국이나 병의원에서 사면 어떨까? 약국은 일반 의약품과 건강 기능 식품을 함께 팔기 때문에 건강 기능 식품을 의약품으로 오인할 수 있다. 반드시 포장지를 살펴 의약품인지 아니면 건강 기능 식품인지 확인해야 한다. 또한 병의원이 수익을 다변화하려 건강 기능 식품을 마치 의약품인 양 파는 사례도 있다. 환자들이 의사가 하는 권유를 거절하기 어려워하는 점을 악용할 수 있으니 주의해야 한다. 그런 일이 생긴다면 의사가 추천하는 제품의 성분이나 함량을 꼼꼼히 살피고 다른 제품하고 가격을 비교해야 한다. 치료 효과가 크지도 않은데 큰돈을 쓸 필요는 없기 때문이다.

마지막으로 건강 기능 식품은 건강을 회복하는 데 큰 효과가 없다는 점을 염두에 둬야 한다. 올바른 식습관, 적절한 운동, 휴식이 훨씬 더 유익하다.

약 먹기 싫은 사람들

평생 함께해야 하는 질병

잔뜩 언짢은 표정으로 약국에 들어서는 40대 중반에서 50대 초반 사람들이 있다. 고혈압 또는 당뇨라는 진단을 어떻게 받아들여야 하는지, 앞으로 평생 약을 먹어야 한다는데 꼭 그래야 하는지 궁금해하는 환자들이다. 자식이나 부모님 때문에 자주 드나들던 병의원과 약국을 자기가 단골로 삼아야 한다는 사실을 받아들이기 어려워한다.

"약을 먹으면 병이 나아야지 낫지도 않으면서 평생 약을 먹어야 해요?" 이런 질문도 흔히 받는다. 의사와 약사는 당연한 사실을 되묻는 환자들을 설득하는 일이 생각보다 쉽지 않다. 그래서 의사와 약사는 고혈압과 당뇨 환자가 병을 받아들이고 규칙적으로 약을 먹어야 한다는 현실을 깨닫게 하는 일이 큰 과제 중 하나다.

평생 먹어야 하는 약

고혈압, 당뇨 같은 만성 질환이 대표적이다. 만성 질환에는 적절한 식

106

이 요법과 운동, 의약품 복용이 필수다. '침묵의 병'이라 부르는 고혈압은 관리가 소홀하면 갑자기 죽음에 이르거나 심장 질환이나 뇌졸중 등 후유 장해를 겪는 2차 질병을 일으킬 가능성이 커서 평소에 규칙적으로 약을 복용하며 관리해야 한다. 그래야 중년 이후를 비교적 건강하게 보낼 수 있다.

현대 과학의 발전은 암처럼 죽음을 가까이 둔 질병도 평생 약을 먹어야 하는 '관리형 만성 질환'으로 바꿨다. 만성 골수 백혈병과 에이즈가 대표적인 사례로, 백혈병 치료제인 글리벡이나 에이즈 치료제를 복용하면 평생 병하고 함께 살 수 있다.

평생을 함께하는 질병과 평생을 복용해야 하는 약은 이렇게 동전의 양면이다. 가까운 시일 안에 죽음을 맞이하거나 장애 후유증을 앓게된다는 예고나 다름없던 질병이 이제는 관리형 만성 질환이 됐다. 관리형 만성 질환은 단기간 앓다 낫거나 앓다 죽는 질병이라는 전통적 질병관을 바꾼 현대 의학의 성과 중 하나다. 많은 현대인은 고혈압 등 만성질환하고 함께 중년을 맞이한다. 혈압약은 식탁 위나 침대 머리맡에 비타민이나 건강식품 등하고 함께 두고 평생 벗으로 삼아야 하는 의약품인 셈이다.

꼭 필요한 만성 질환 관리 제도

의사와 약사, 관리형 만성 질환에 걸린 환자는 평생 약을 먹어야 한다는 심리적 저항감을 극복하고 중년 이후의 삶을 관리할 방법을 같이 고민해야 한다. 병을 관리하며 평생 함께한다는 말은 의사와 약사하고도 평생 함께한다는 뜻이다. 관리형 질병을 등록하고 일상적으로 건강

관리와 상담을 할 수 있는 주치의 제도나 단골 약국 제도를 도입해야 한다. 평생 관리의 핵심은 전문가를 곁에 두고, 필요한 교육을 받고, 새로운 정보를 교환하면서 정확하게 질병을 관리하고, 의약품 상담을 보장하는 데서 출발한다.

우리 아이에게 안전하게 약 먹이기

어린이용 약이 따로 있을까

어린이 ○○정, 소아용 ○○시럽 등 약 이름만 보고 아이들만을 위해 아이들에게 잘 맞는 약을 만든다고 생각하는데, 사실 그런 사례는 많지 않다. 대부분 어른들 약을 씹어 먹는 알약이나 마시는 시럽으로 형태만 바꾼다. 병원 처방 조제약도 어른 약을 가루로 만들어 1회 용량으로 나눠 포장한 형태다.

약을 개발할 때 어린이를 대상으로 임상 시험을 하기는 어렵다. 그래서 성인 대상 임상 시험 결과를 바탕으로 몸무게와 키 등 신체 조건과 나이를 고려해 용량을 줄여 어린이에게 사용한다. 문제는 아이는 어른의 축소판이 아니라는 사실이다. 어린이는 약을 흡수하고 분해해서 배출하는 기관이 아직 성숙하지 않아 어른보다 훨씬 더 조심해서 사용해야 한다.

부모들이 주의할 점이 한 가지 있다. 바로 다제 약물 처방이다. 여러 가지 약을 한꺼번에 처방하는 방식을 다제 약물 처방이라 하는데,

한국은 다른 나라보다 이 비율이 매우 높다. 감기약을 예로 들면 항생제부터 코약, 기침약, 해열제 등을 섞어서 가루약과 시럽으로 처방한다. 다제 약물 처방으로 늘어나는 약제비도 문제이지만, 약물 사이에 일어나는 상호 작용이 더 걱정이다. 이 약 저 약 한꺼번에 섞고 부숴서 조제하는 나라는 세계 어디에서도 찾기 힘들다. 그러니 한국에서 아이에게 약을 사용하려면 더 많은 관심을 가져야 한다. 어떻게 하면 좀더 안전하게 아이에게 약을 사용할 수 있을까?

첫째, 약이 꼭 필요한지 먼저 확인하자

아이가 생기면 부모는 온갖 염려증 환자에다 바보가 되기 쉽다. 멀쩡하게 잘 자다가도 갑자기 깨서 아이가 숨은 제대로 쉬고 있는지 확인하고, 어쩌다가 열이라도 나면 큰 병에 걸린 건가 어쩔 줄 몰라 한다. 이때 가장 많이 찾는 약이 감기약이다. 콧물이 좀 흐르고 기침하고 열이 오르기 시작하면 부모들은 대부분 아이 손을 잡고 병원으로 달려가거나 약국에서 시럽제를 사서 먹인다.

2005년 미국 중독노출조사계^{TESS}는 기침약, 감기약, 콧물약인 항히스타민제를 먹은 어린이 중 필요 이상으로 많이 먹거나 부작용이 있다고 보고된 사례가 8만 건이 넘는다고 밝혔다. 심지어 1969~2006년까지 어린이 122명이 감기약을 먹고 숨진 사실을 전하는 미국 식품의약국 보고서도 있다. 이런 이유로 2008년 미국 식품의약국은 2세 미만 어린이에게 감기약 복용을 금지했고, 캐나다와 영국도 2009년 6세 미만 어린이에게 감기약을 먹이면 안 된다는 지침을 발표했다.

한국 식품의약품안전처도 2007~2009년 세 차례에 걸쳐 안전성 서한을 배포해 2세 미만 영유아가 감기에 걸리면 의사 진료를 받아야 하며 되도록 감기약을 처방하지 말라고 했다. 또한 제품 설명서에 2세 미만 영유아에 해당하는 용법과 용량을 삭제하고 주의 사항을 변경해 2세 미만 영유아에게 감기약을 팔지 못하게 했다. 그런데도 부모들은 아이가 감기 증세를 보이면 종합 감기약이나 콧물이나 기침 시럽을 사서 먹인다. 감기약은 6세 미만 아이들에게 별 효과가 없고 부작용 위험만 크기 때문에 주의해야 한다.

전세계에 통용되는 감기에 관한 진실이 있다. 보통 일주일이면 저절로 낫는다, 물을 충분히 마시고 적당히 쉬는 일보다 더 좋은 약은 없다, 감기약은 결코 폐렴이나 합병증을 예방해주지 않는다 등이다. 그러나 맞벌이 부부이고 아이를 돌봐줄 사람이 없어서 약을 먹일 수밖에 없다면 되도록 물을 많이 먹여야 한다. 물은 빠른 대사와 분해를 돕기 때문이다. 아이에게 약을 사용할 때 지금 당장 약이 꼭 필요한지 한 번 더 생각하자.

둘째, 약은 최소 복용량부터 시작하자

약을 더 많이 더 자주 먹는다고 해서 병이 더 빨리 낫지는 않는다. 오히려 부작용 위험만 커질 수 있다. 약물 부작용은 용량 때문에 나타나는 때가 많다. 정해진 양을 초과하면 독이 될 뿐이다. 특히 몸무게가 작고 내부 장기가 미성숙한 어린이는 최소 횟수와 최소 용량부터 시도해야 한다. 일정한 범위 안 용량으로 된 처방이라면 최소 용량부터 시작해야 한다는 말이다. 이를테면 3~6밀리리터씩 1일 3~4회 처방이라면 3밀리리터씩 1일 3회부터 복용을 시작해야 좋다.

셋째, 되도록 원래 포장으로 처방해달라고 하자

어린이 약은 시럽제가 많다. 처방전을 들고 약국에 가면 30밀리리터, 60밀리리터, 100밀리리터 같은 시럽 병에 약을 담아준다. 시럽제는 대부분 500밀리리터나 1리터짜리 큰 병에 들어 있어서 덜어서 조제한다. 덜어서 조제할 경우 이물질이 들어가거나 개봉하고 나서 변질되는 등 위생이나 안전에 문제가 생기기 쉽다. 의사에게 원래 포장으로 처방해달라고 하는 게 좋다. 요즘은 소포장된 약이 늘어나는 추세다. 제약사가 다양한 소포장 약을 생산한다면 이런 문제도 줄어든다.

넷째, 복용량을 정확하게 지키자

약을 대충 가늠해서 한 숟가락 먹이거나 시럽 병 입구를 아이 입에 대고 쭉 눌러 먹이는 부모가 있다. 아이는 어른보다 몸무게가 작고 약물 대사 기관들이 덜 성숙하기 때문에 아주 작은 용량 차이가 큰 부작용을 불러올 수 있다. 계량컵이나 계량스푼을 이용해 정확한 용량을 먹이자.

다섯째, 시럽 병과 계량스푼은 씻어서 사용하자

식품의약품안전처는 시럽 병과 계량스푼 같은 제품을 생산하고 공급하는 공장을 대상으로 위생 검사나 관리를 하지 않는다. 병원이나 약국에서도 시럽 병이나 계량스푼을 씻어서 주지는 않는다. 먼지나 이물질이 묻어 있을 수 있으니 깨끗하게 씻어서 사용하자.

여섯째, 약을 미리 섞지 말자

가루와 시럽 약을 미리 섞어달라고 하는 부모가 많다. '어차피 한꺼번에 먹일 건데 미리 섞어두면 어때'라고 생각하지만 절대 해서는 안 된다. 미리 섞으면 어떤 화학 반응이 일어날지, 약의 효과나 안전에 어떤 영향을 미칠지 모르기 때문이다. 약은 먹이기 직전에 섞어야 가장 안전하다.

일곱째, 보관 장소를 잘 지키자

약을 받으면 무조건 냉장고에 넣는 사람이 많다. 반드시 냉장고에 둬야 하는 약도 있지만 대부분은 그늘진 실온에 보관해야 한다. 냉장고에 보관하면 습기가 차고 효과가 떨어진다. 보관 장소나 방법에 관한 주의나 설명이 없다면 그늘진 실온에 보관하자.

여덟째, 복용 끝난 약은 버리자

조제약이 남으면 나중에 또 먹이려고 보관하는 사람이 많다. 그러나 조제약은 그때 증상에 맞춰 처방된 약이기 때문에 비슷한 증상이 나타난다고 다시 먹이면 필요 없는 약을 먹이거나 정작 필요한 약은 못 먹이는 상황이 된다. 또한 어린이 약은 여러 가지 약을 섞어서 조제하기 때문에 시간이 흐르면 안전성을 확신할 수 없다. 복용이 끝난 약은 미련 없이 버리자.

먹으면 1주일, 안 먹으면 7일

감기에는 약이 없다

감모, 고뿔 등은 감기를 부르던 옛말이다. 인류를 오랫동안 괴롭힌 감기는 동서고금을 가리지 않고 누구에게나 찾아오는 불청객이자 아주 고약한 손님이다. 감기를 병이 아니라 손님이라고 부르는 이유는 때때로 걸리지만 쉽게 물릴 수 없기 때문이다.

현대 과학이 발달하면서 감기는 몇 가지 바이러스가 코나 목 등 호흡기로 들어와 기침이나 재채기, 콧물, 발열 같은 증상을 일으키는 질병이라는 사실이 밝혀졌다. 전자 현미경으로 바이러스를 볼 수 있을 정도로 감기에 걸리는 원인은 이미 모두 드러난 상태다.

이미 원인을 밝힌 만큼 감기는 정복된 질병이어야 한다. 천연두나 소아마비 같은 바이러스 질병은 백신을 개발하고 보급해 질병 자체를 퇴출했지만(일부 지역에서는 소아마비가 다시 발병하기도 했다), 애석하게도 감기는 발병 원인과 경로를 밝힌 상태인데도 예방 백신이 없다. 독감 바이러스하고 다르게 감기 바이러스는 유행 양식을 예측할 수 없고 변형이 잦아서 그렇다. 감기 바이러스를 무력하게 만드는 치료제도 기대 효과가 낮아 개발하지 않고 있다.

관행적으로 처방되는 항생제

감기 예방과 치료법은 누구나 잘 알고 있을 정도로 단순하다. 손을 자주 씻고 푹 쉬고 수분을 충분히 섭취하면 감기 바이러스를 피할 수 있거나, 피하지 못해도 스스로 이겨낼 수 있다. 그렇지만 감기약 찾는 환자는 병원과 약국의 주요 고객이다. 약을 먹어도 낫지 않는다는 하소연은 1년 365일 가리지 않고 의사와 약사가 가장 많이 듣는 얘기 중 하나다. 감기약도 없는데 감기약 처방전은 넘쳐난다. 우리는 감기에 걸리면 콧물을 말리는 항히스타민제, 가래와 기침을 멎게 하는 진해 거담제, 두통과 발열을 없애는 해열 진통제, 근거가 미약한 방어 차원의 항생제를 적당히 증상에 따라 섞어 복용하고 있다.

이런 약들은 감기 바이러스에 영향을 미치지 않을뿐더러 오히려 감기 치료를 방해하기도 한다. 약이 일시적으로 증상을 완화해서 오히려 감기를 더 악화시키는 사례가 비일비재하다. 콧물을 말리려고 복용하는 항히스타민제가 갈증과 졸음을 일으키고, 진해 거담제가 가래를 뱉어내려 하는 기침을 막아 가래 증상을 오랫동안 남기기도 한다. 방어 차원의 항생제 처방은 의약품 오남용 문제를 이야기할 때 빼놓지 않고 등장하는 대표 사례다.

항생제는 세균에 감염돼 생기는 염증성 질환을 치료하는 약으로, 감기가 아니라 급만성 기관지염이나 폐렴 등 2차 감염에 사용하는 의약품이다. 그러나 한국에서는 감기 초기에 세균성 감염을 확인하지 못해도 관행적으로 항생제를 처방하는 비율이 외국보다 매우 높다. 다행히 의약 분업이 실시된 지난 24년 동안 소아 항생제 사용량이 많이 줄어들고 있지만, 여전히 다른 오이시디 국가보다 항생제 처방률이 높다. 항생제는 세균이 약에 적응해서 더는 치료 효과를 볼 수 없게 되는 내성 발현이 있는 의약품으로, 무분별하게 사용하면 꼭 필요할 때 치료 효과를 놓칠 수도 있다. 최악의 경우 항생제 내성 때문에 어떤 항생제에도 듣지 않는 슈퍼박테리아가 나타나기도 한다. 일본이나 유럽에서는 이미 몇 차례 슈퍼박테리아가 출현해 병원이 폐쇄된 적이 있다.

아프면 쉴 수 있는 나라로

감기 바이러스는 인체에 한 번 들어오면 1주일이나 열흘 정도 증상을 보이다가 사라진다. 그래서 '감기는 약 먹으면 1주일, 안 먹으면 7일'이라는 농담 아닌 농담이 생겼다.

이런 진실을 모든 의사, 약사, 환자가 알면서도 여전히 속고 있다. 쉬어야 낫는다는 사실을 모르지 않지만 쉴 수 없는 사회에 순응해 개인적으로 해결하려고 약에 의존한다. 현대 사회에서 많은 질병이 그렇듯 감기도 사회적 질병이다. 쉴 수 없는 사회에서 감기는 약을 먹어야 하는 질병 아닌 질병으로 우리 사회를 떠돌고 있다.

2024년 현재 한국은 상병수당 제도가 없다. 이 제도는 1883년 독일에서 처음 도입했다. 현재 국제사회보장협회ISSA 182개 회원국 중 163개국이 운영하고 있고, 한국과 미국 일부 주를 제외한 오이시디 모든 국가에서 시행하고 있다. 코로나19 팬데믹을 겪으면서 우리는 질병에 걸려 치료해야 하는 사람들에게 소득을 보장하는 상병수당이 필요하다는 사실을 체감했다. 특히 대부분 사회보장의 사각지대에 놓여 있는 특수 고용 노동자나 자영업자 같은 불안정 노동자는 아파도 쉴 수 없다. 아파도 쉴 수 없는 나라와 아프면 쉴 수 있는 나라 중 어느 곳이 감기약을 더 많이 먹을까?

감기에는 약이 없다는 사실을 알면서도 약을 먹는 사회를 바꾸려면 감기 바이러스하고 공존하면서 사는 길을 찾아야 한다.

공부 잘하게 하는 약은 없다

비법 약으로 둔갑한 치료제

'공부 잘하는 약'이라며 팔리는 약들이 있다. 사실 이 약들이 주의력 결핍 과잉행동 장애[ADHD] 치료제라는 사실은 공공연한 비밀이다. 아이들 성적을 올리려는 부모들의 지나친 관심과 아이들의 그릇된 열망에 제약 산업과 의료 기관이 합작해 주의력 결핍 과잉행동 장애 치료제를 공부 잘하는 약으로 둔갑시켰다.

소아 청소년기에 주로 진단되는 주의력 결핍 과잉행동 장애는 산만함, 과잉 행동, 충동성을 특징으로 한다. 주요 원인으로 대뇌피질의 대사 불균형, 유전, 호르몬 이상, 환경 요인 등이 꼽히지만, 정확한 원인은 아직 밝혀지지 않았다. 한국에서는 치료 약물로 메틸페니데이트 제제와 아토목세틴 제제가 사용된다.

메틸페니데이트 제제는 1944년에 합성돼 1954년 독일에서 '리탈린[ritalin]'이라는 각성제로 처음 출시됐다. 1960년대부터 미국에서 에이디에이치디 치료제로 사용되기 시작했고, 1990년대부터 사용량이 급증했다. 뇌 속 도파민 농도를 높여 효과를 내는데, 마약인 코카인하고 작용이 매우 흡사해 중독성 논란이 끊임없이 제기됐다. 최근에도 20~30대들이 마약 대용품으로 사용한다는 보도가 있었다. 미국 마약단속국은 메틸페니데이트 제제를 약물 남용 위험도 2등급으로 분류하고 있다. 코카인이나 아편도 같은 등급이다. 일본도 제1종 향정신성 약물로 지정하고 있으며, 한국도 향정신성 의약품으로 분류해 관리한다. 청소년이 메틸페니데이트를 복용하면 두통, 불안감, 환각, 망상, 자살 시도 같은 부작용을 겪을 수 있다. 미국 식품의약국은 메틸페니데이트를 복용한 뒤 환자가 사망한 사례, 중추 또는 말초 신경 이상을 일으킨 사례, 심혈관계 부작용을 보인 사례, 우울증과 자살 충동을 보인 사례를 보고했다. 세계보건기구도 어린이가 심각하게 성장이 지연된 사례를 확인했다.

블랙박스 경고문 붙은 약

아토목세틴 제제는 뇌 속 신경 전달 물질인 노르에피네프린(노르아드레날린)의 재흡수를 억제하는 작용을 하면서도 뇌신경 활성제가 아니어서 약물 남용 위험이 비교적 적다고 알려져 있다. 그러나 아토목세틴 제제의 가장 심각한 부작용은 자살 충동이다. 미국 식품의약국은 자살 충동에 관한 블랙박스 경고를 제품에 붙이라고 지시했다. 블랙박스 경고란 의약품 부작용을 환자와 의사, 약사에게 알리기 위해 미국 식품의약국이 내리는 가장 강력한 조치다. 심각한 부작용이 염려되는 약의 겉포장이나 설명서 가장 윗부분에 짙은 검은 테두리를 두르고 약물 부작용 관련 경고문을 표기하는데, 도로 표지판의 사고 다발 지역 같은 의미다. 미국 사람들은 블랙박스가 무엇을 상징하는지 잘 알고 있어서 신중하게 약을 사용한다. 그 밖에 아토목세틴 제제를 복용하면 혈압과 심장 박동 수가 상승할 위험이 커져서 한국 식품의약품안전처도 안전성 서한을 배포해 위험성을 경고하고 있다.

식품의약품안전처는 2018년부터 약 2년 동안 '마약류통합관리시스템'에 보고된 의료용 마약류 취급 보고 자료를 바탕으로 메틸페니데이트의 불법 사용과 오남용이 의심되는 의료 기관과 불법 투약이 의심되는 환자를 적발했다. 안전한 약물 사용을 관리하기보다는 처방전을 늘리려는 의료 기관들의 탐욕이 빚어낸 결과다.

제약 산업은 또 어떨까? 2009년 거대 제약사인 얀센은 '콘서타 2큐 병원 프로그램 커넥트 10000'이라는 판촉 행사를 진행하면서 지역 보건소와 정신보건센터에서 '산만한 아이, 현명한 부모'라는 초등학교 학부모 대상으로 강좌를 열었다. 에이디에이치디의 심각성과 학습 장애에 따른 성적 저하를 강조하고, 치료법으로 자사 제품인 콘서타를 소개했다. 에이디에이치디 치료제 등 전문 의약품을 일반인에게 직접 알리는 행위는 법으로 금지하고 있다. 건약이 문제를 제기하자 식품의약품안전처는 과징금 2700만 원이라는 솜방망이 처분을 했다.

위험한 약, 위험한 아이들

2019년 에이디에이치디 치료제가 가장 많이 판매된 지역은 교육열이 높은 서울 강남구였다. 매년 대학수학능력시험을 앞두고 서울 강남 지역 일부 학부모들이 메틸페니데이트를 불법으로 구매해 입시생 자녀에게 복용시킨 사실이 경찰에 적발되기도 했다. 식품의약품안전처 보고에 따르면 2020~2021년 에이디에이치디 치료제를 한 번이라도 투여한 사람의 절반 정도가 10대라고 했다. 2022년 미국 컬럼비아 대학 메디컬센터의 정신의학과 전문의 마크 올프슨 박사 연구팀은 에이디에이치디 치료제를 과다 복용하는 청소년이 늘고 있다는 연구 결과를 발표했다.

아이들이 위험하다. 공부 잘하게 하는 약이 있다는 믿음을 버려야 한다. 이 세상에 그런 약은 없다. 아이의 일거수일투족에 관심을 쏟고 내 아이에게 좀더 좋은 환경을 만들어주고 싶은 마음이 앞선 부모들이 어떻게 중독성 있는 마약성 각성제를 쉽게 선택하게 될까? 아이가 산만하고 성적이 오르지 않는다고 약물을 복용시키면 오히려 아이에게 해가 된다는 사실을 명심하자.

금연에 약이 꼭 필요할까

위험한 담배와 위험한 금연 치료제

새해가 되면 많은 사람이 새해 목표를 세운다. 금연이 대표적이다. 수년 전만 해도 한국은 오이시디 회원국 중 흡연율이 가장 높았다. 지금은 버스 정류장이나 공원뿐 아니라 단지 전체를 금연 구역으로 지정하는 아파트도 보편화됐다. 고속버스 뒷좌석에도 재떨이가 달려 있던 과거를 생각하면 격세지감이다. 흡연자의 자유권이냐 비흡연자의 건강권이냐를 둘러싼 논쟁도 예전 이야기다. 게다가 언제부터 흡연이 질병의 원인이 아니라 흡연 자체가 병이라고 보는 시각도 생기기 시작했다.

2008년 6월 '금연, 당신의 의사와 상의하세요'라는 꽤 공익적으로 보이는 광고가 방송 전파를 탔다. 얼핏 보면 금연 공익 광고처럼 보이지만, 이 광고는 '금연에 성공하려면 의사를 만나 상담하면 된다. 곧 약물 치료로 금연을 할 수 있다'는 의미를 담았다. 광고비를 댄 곳은 화이자였다. 화이자는 금연 치료제인 챔픽스를 한국에 새롭게 판매하는 참이었다. 이윤을 추구하는 회사가 자사 상품을 알리려 하는 일은 당연하지만, 약은 경우가 다르다. 약은 광고를 할 수 있는 일반 의약품과 일반인을 대상으로 광고할 수 없는 전문 의약품으로 나뉜다.

챔픽스의 성분명인 바레니클린은 광고가 금지된 전문 의약품이라 의사 처방전이 필요하다. 제품 이름을 노출하지 않더라도 의사 상담 뒤 받은 약이 바레니클린이라는 사실을 사람들이 알 수 있기 때문에 건약이 문제를 제기하고 언론이 기사를 내보내자 이 광고는 텔레비전에서 사라졌다. 미국과 뉴질랜드를 제외한 대부분의 나라는 전문 의약품 대중매체 광고를 엄격히 금지한다. 소비자에게 그릇된 인식을 심어주거나 약물 오남용을 부추길 수 있기 때문이다.

이익보다 위험성이 더 큰 약

2006년 5월 미국 식품의약국에서 승인받은 바레니클린은 금연 보조제다. 뇌의 니코틴 수용체에 결합해 니코틴하고 비슷한 효과를 줘서 금연을 원하는 사람들의 금단 증상을 완화하는 동시에 다시 흡연을 시작해도 담배의 니코틴 효과를 차단해 금단 증상과 흡연 욕구를 모두 감소시키는 효과가 있었다. 화이자의 새로운 '블록버스터'로 기대를 모으는 의약품이었다.

그러나 다음 해부터 문제가 생겼다. 2007년 12월 유럽 의약품청 EMA이 자살 충동과 자살 시도에 관한 경고 문구를 추가하고 안전성 평가에 들어갔다. 2008년 2월 미국 식품의약국도 안전성 서한을 배포하는 한편 설명서에 자살 충동과 자살 시도에 관한 경고 문구를 추가하게 했다. 미국 의약품 관련 비영리 단체인 약물안전관행연구소ISMP는 더 나아가 무의식, 발작, 환각 등을 일으킬 수 있어서 운전, 비행, 기계

작동 중에 사용하지 말아야 한다는 경고도 추가해야 한다고 미국 식품의약국에 권고했다. 그리고 2009년 7월 미국 식품의약국은 우울한 기분, 호전성, 자살 충동과 자살 시도를 포함한 신경정신과 부작용에 관해 가장 강력한 알림 수단인 블랙박스 경고를 지시했다.

한국에서는 2007년 12월 바레니클린을 복용하고 자살한 사건이 생기자 2008년 2월 안전성 서한을 배포했고, 화이자는 설명서에 경고를 추가했다. 그 뒤 2017~2018년 약물 성분별 이상 사례 현황에 바레니클린을 먹고 우울감을 호소하다가 스스로 목숨을 끊은 사례가 3건이나 될 정도로 자살 충동 이슈가 끊이지 않았다. 그러나 식품의약품안전처는 그 보고에 관련해 안전성 서한을 배포하지 않았고, 미국 식품의약국처럼 블랙박스 경고도 지시하지 않았다.

2011년 12월 미국 웨이크포레스트 대학교 커트 퍼버그 교수는 미국 식품의약국에 보고된 바레니클린 부작용 사례를 분석한 뒤 다른 금연 보조제보다 자살과 우울증 위험이 여덟 배 높다고 발표했다. 챔픽스는 금연에 따른 이익보다 위험성이 더 큰 약이라는 말이었다.

금연에 약이 꼭 필요할까

금연할 때 가장 중요한 요소는 흡연자의 의지다. 금연에 약이 꼭 필요할까? 챔픽스가 금연의 첫 단추를 끼우는 데 도움을 줄 수는 있다. 지속성은 어떨까? 바레니클린 설명서에 나온 임상 연구 결과에 따르면, 이 약을 복용한 사람들은 1년 뒤에 22퍼센트가 금연을 유지하고 챔픽스 없이 금연한 사람들은 1년 뒤에 10퍼센트가 금연을 유지했다. 생각만큼 금연 성공률에 차이가 크지 않다는 사실을 알 수 있다.

약에 기대를 걸어도 좋지만 내가 먹는 약을 정확히 아는 일이 더 중요하다. 제약사에서 내는 광고만 보고 선택하지 말고 효능과 효과와 부작용까지 꼼꼼하게 알아봐야 한다. 그렇지만 한국의 약 설명서는 너무 불친절하다. 쉬운 약 설명서와 엄격한 안전성 지침이 필요하다.

제약사는 금연 캠페인을 빙자한 간접 광고로 '흡연은 습관이 아니라 질병'이라는 인식을 만들어 약물 복용을 부추기고 있다. 식품의약품안전처 보도 자료에 따르면, 의사 처방이 필요한 금연 보조제 전문 의약품 시장은 2007년 6퍼센트에서 2017년 65.4퍼센트까지 급증했다. 그렇지만 안전하게 약을 사용할 수 있는 방안은 여전히 제자리걸음이다. 바레니클린은 아주 신중하게 선택해야 하는 약이라는 사실을 잊지 말자.

3부

제약 산업의
불편한 진실

월드 스타 글리벡 10년 잔혹사

글리벡 공급을 중단한 노바티스

만성 골수성 백혈병 환자에게 글리벡은 아주 중요한 약이다. 2001년 5월 미국 식품의약국이 글리벡을 허가한 소식을 접한 환자들이 한국에도 빨리 출시해달라고 요구하면서 글리벡 한국 정착기는 시작된다.

보통 신약은 제약사 일정에 따라 출시된다. 환자나 의사, 약사는 제약사가 본격적으로 마케팅을 시작해야 그 약을 이해하고 치료하는 데 쓰기 시작한다. 그러나 글리벡은 달랐다. 환자들이 아직 번역도 안 된 글리벡 영어 문건을 들고 다니며 빠른 출시를 호소했다.

글리벡은 미국 식품의약국에서 허가를 하기 전부터 환자들이 오매불망 기다린 약이었다. 발매 뒤 사용량과 생존자가 빠르게 증가한 사실만 봐도 알 수 있다. 백혈병 치료 하면 떠올리는 골수 이식 같은 복잡하고 고통스러운 과정 없이 캡슐 몇 개만 먹으면 되는 약은 환자들에게 신의 존재를 확인한 일이나 다를 바 없었다. 이렇게 절박한 바람을 담은 약을 출시한 회사는 바로 노바티스다.

2001년 6월 노바티스는 절박한 환자들에게 월 300~600만 원이라는 약값을 내라고 요구하면서 한국에 첫발을 디딘다. 그때 건강보험 기준으로 따져 암 환자도 본인 부담금 30퍼센트를 내야 했다. 그렇다면 글리벡 약값으로 최소 월 100만 원은 넘게 써야 한다는 얘기였다. 특허 제품은 전세계에서 같은 가격을 매긴다는 정책 탓이었다. 이 정책은 다국적 제약사들이 자기들끼리 정해놓은 카르텔에 근거했다. 노바티스 본사가 자리한 스위스하고 똑같은 가격이었다. 스위스는 세계에서 가장 잘사는 나라에 속했다. 노바티스는 나라마다 서로 다른 경제력과 의료 보장 수준을 고려하지 않고 무작정 전세계 동일 가격 정책을 밀어붙였다. 1990년대 들어 특허권 보장이 강화되기 시작하면서 의약품 가격에서 독점적 권리를 강화하는 방향이 자리 잡았다. 글리벡 한국 정착 과정에서 민낯이 생생히 드러났다.

2001년 11월 한국 정부는 글리벡 약값을 월 부담 최소 214만 원으로 결정했다. 이 정도 수준이 건강보험에서 부담할 수 있는 최대치라고 판단했다. 그러나 이 가격도 30퍼센트 본인 부담금을 적용하면 월 최소 65만 원이나 되기 때문에 환자들은 쉽게 받아들일 수 없었다. 오히려 노바티스는 적반하장으로 나왔다. 건강보험이 제시한 가격을 받아들일 수 없다며 공급 중단을 선언했다. 한 주권 국가가 내린 결정을 환자를 방패 삼아 정면으로 거부하는 전쟁 선포나 마찬가지였다.

노바티스가 공급 중단이라는 과감한 결정을 내린 배경에는 다른 나라보다 빠르게 진행된 가격 협상을 국제 사회가 주시하고 있던 점, 국내 허가 절차와 가격 협상을 진행하는 와중에 노바티스가 환자에게 약을 무상으로 공급해 글리벡 복용 환자를 인질처럼 잡고 있던 점 등이 깔려 있었다. 노바티스는 가격이 결정되기 전에 환자에게 약을 공급한 일을 인도적이고 도의적인 조치로 포장해 홍보까지 했다.

40년 기다린 기적의 신약 글리벡

1960년 미국 펜실베이니아 대학교 연구팀은 만성 골수성 백혈병과 관련된 조혈 세포의 염색체 이상을 발견했다. 나아가 그 염색체가 변화해 비정상 효소가 만들어지는 현상을 밝혀냈다. 이 연구는 비정상 효소만 효과적으로 차단하는 방법으로 이어져 '표적 치료'라는 효과 높은 항암제를 개발하는 청신호가 됐다.

이 발견이 치료 물질 개발로 이어지기까지 30여 년이 더 필요했다. 1990년대 노바티스는 미국 국립암재단에서 후원한 오레곤 암센터의 과학자들이 발견한 어떤 물질의 독점적 사용 권한을 넘겨받아 특허권을 보유하게 된다. 이 물질이 바로 나중에 글리벡으로 불린 이마티닙이었다.

노바티스는 세금으로 운영되는 공공 연구 기관이 개발한 물질을 사냥꾼처럼 낚아채 독점 생산과 독점 가격이라는 굴레를 씌우면서 자기들이 신약 개발에 투자한 보상이라고 주장했다. 30여 년 동안 개발된 신약에는 긴 시간 연구에 힘쓴 많은 과학자와 그 과학자들을 지원한 국가와 시민들의 노력과 세금이 담겨 있다. 그런데 노바티스는 연구소와 과학자들에게 얼마 안 되는 보상금을 주고 독점 권한을 획득해 20년간 권리를 행사했다. 글리벡 건은 신약 개발 비용을 특허로 보장해야 한다는 주장이 출발부터 거짓에 근거한다는 사실을 여실히 보여 준다. 제약사가 권리를 행사한 첫 대상이 한국 백혈병 환자들이었다.

1980년대 중후반부터 세계적으로 각 나라의 특허가 강화되기 시작했다. 한국은 1987년까지 특허 기간이 12년이었고, 미국도 최장 17년이었다. 그러나 1995년 '무역 관련 지식재산권에 관한 협정^{TRIPs}'이 체결된 뒤 선진국과 개도국 가리지 않고 모든 국가가 똑같은 지식 재산권 체계와 특허 보호 체계를 갖추라는 강요를 받으면서 특허 보호 기간이 20년으로 늘어났다. 20년으로 늘어난 근거는 당연히 제시하지 않았다. 단지 다국적 제약사들이 이익을 최대한 달성할 수 있는 기간이 20년이라는 경험에 바탕한 결과일 뿐이었다.

먹어도 그만 안 먹어도 그만인 약도 특허 보호를 받지만 큰 문제가 되지 않는다. 그러나 새로운 치료 방법과 단일한 치료제가 특허 우산의 밑으로 들어가면 이야기가 달라진다. 글리벡은 출시할 때부터 붙은 '기적의 신약'이라는 별명에 꼭 들어맞는 약이었다.

혈액암의 한 종류인 백혈병은 비극을 다룬 영화의 단골 소재로 쓰일 정도로 죽음에 친숙한 질병이다. 현대 의학이 발달해 골수 이식이라는 치료법이 개발되면서 환자들에게 희망을 줬지만, 치료 과정과 비용이 만만치 않았다. 치료 성공률도 낮고 유지 관리도 쉽지 않았다. 그런 상황이니 글리벡의 개발은 '신의 한 수'라 할 만했다.

글리벡은 암 치료에 표적 치료제라는 개념을 처음 도입하고 항암제 개발 붐을 일으킨 선도적인 제품이다. 아무리 그렇더라도 효과와 만족도가 떨어지면 널리 쓰이기 힘들다. 글리벡에 이어 출시됐지만 치료 효과가 불명확해 대상 환자가 줄어든 폐암 치료제 이레사만 봐도 글리벡의 선전은 눈부시다 할 만하다. 글리벡은 지금껏 나온 표적 치료제 중 치료 효과와 만족도가 가장 높은 제품이다. 만성 골수성 백혈병은 글리벡 출시 이전에는 다른 백혈병들처럼 골수 이식이 유일한 치료법이어서 골수 이식을 못한 환자는 항암제 주사 부작용을 견디며 생을 마감할 수밖에 없었다.

돌파구가 되지 못한 '강제 실시'

2001년 11월 보험 가격 결정이 노바티스의 글리벡 공급 중단이라는 결과를 불러오자 환자들의 고통은 더욱 심해졌다. '기적의 약'이 '그림의 떡'이 되는 순간이었다. 특허 보호가 생명보다 우선하는 잔인한 독점의 세상에 환자들은 발가벗은 채 팽개쳐졌다. 자본주의 국가에서 일반적인 독점은 법으로 처벌받는다. 그러나 특허 독점은 법이 보호한다. 환자들은 살길을 알아봐야 했고, 실낱같은 희망을 찾아냈다. 일정 기간 특허를 제한할 수 있는 '강제 실시'라는 가능성을 살려보기로 했다.

강제 실시는 특허권을 소유한 제약사 말고 다른 제약사를 거쳐 약을 공급받을 수 있는 제도다. 특허는 법에서 보호하는 권리이기 때문에 그 권리를 유예 또는 중지시키는 강제 실시는 정부가 직접 시행하는 형태가 가장 빠르고 효과적이다. 에이즈 치료제가 많이 필요한 브라질이나 태국, 남아프리카공화국 등에서는 정부가 직접 강제 실시를 시행해 싼값에 치료제를 공급했다. 강제 실시는 특허를 강화한 국가 간 협정에서도 인정하는 권리여서 개발도상국뿐 아니라 선진국도 고려하기도 했다. 2001년 9·11 테러가 일어난 뒤 미국은 탄저균 테러 공포를 누그러트리려고 탄저균 치료제인 씨프로바이 강제 실시를 지시했다. 처음으로 씨프로바이 강제 실시를 시행한 국가도 캐나다였다.

환자와 활동가들은 한국 특허법에도 규정돼 있고 무역 관련 지식 재산권에 관한 협정에서도 시행을 언급하는 강제 실시를 적용하자고 정부에 요구했다. 그러나 정부는 응하지 않았다. 그러자 환자들은 2002년 1월 글리벡 강제 실시를 청구했다. 그러나 특허청도 2003년 2월 청구를 기각했다. 만성 골수성 백혈병은 국가적이고 사회적인 위험이 급박하지 않으며 단지 제품이 고가라는 이유만으로 특허를 무시할수는 없다는 이유를 들었다. 환자 생명은 급박한 이유가 아니어서 무시해도 좋고 제약사 이익은 보장해야 한다는 선언이나 마찬가지인 결정이었다.

환자들은 2008년에도 계속 강제 실시를 요구했다. 이번에는 에이즈 치료제인 푸제온이었는데, 마찬가지로 2009년 6월 기각됐다. 공공이익을 위해 강제 실시를 시행할 만한 의약품이 아니라는 이유였다. '국가의 급박한 이유'에서 '공공 이익'으로 표현만 바뀔 뿐 결론은 같았다.

최종 승자는 노바티스

2003년 들어 건강보험 정책에 변화가 일어났다. 대표적으로 암 환자본인 부담금이 30퍼센트에서 20퍼센트로 낮아졌다. 환자 치료비 부담이 줄었지만, 최대 수혜자는 노바티스였다.

처음 노바티스가 제안한 캡슐당 가격은 2만 5005원이었다. 한국정부가 제시한 가격은 1만 7862원이었고, 최종 가격은 2만 3045원으로 결정됐다. 전세계 동일 가격 정책을 반드시 관철하려는 노바티스는가격을 내리는 대신 한국 정부의 건강보험 보장성 확대 정책을 역이용하는 전술을 구사했다. 암 환자 본인 부담금 중 10퍼센트에 해당하는금액을 자기들이 부담하겠다는 말이었다. 결과적으로 글리벡을 복용하는 백혈병 환자의 본인 부담금은 제도상 20퍼센트이지만 실제로는 10퍼센트로 낮아졌다. 노바티스는 가격 협상이라는 게임에서 환자들을 공급 중단과 본인 부담금 10퍼센트라는 롤러코스터에 태워 한국 정부를 상대로 완승했다.

우여곡절 끝에 환자들은 죽음을 피하는 기적의 약으로 안정적인 치료를 받게 됐다. 곧바로 글리벡은 매출이 폭증했다. 2003~2012년 사이 10년 동안 글리벡은 한국에서 연평균 800억 원 넘는 매출을 올리는 블록버스터 제품으로 성장했다. 게다가 노바티스는 환자 본인 부담 대납금조차 기부금법에 따른 세제 혜택을 받아 매출을 넘어서는 효과를 보고 있다.

그 뒤 암 환자 본인 부담금이 10퍼센트에서 다시 5퍼센트로 낮아졌고, 노바티스는 환자 본인 부담금 대납 금액이 절반에서 다시 절반으로 떨어지는 혜택까지 입게 됐다. 건강보험 보장성 확대는 환자에게 이익을 주는 것이 목표다. 그런데 강력한 특허 보호를 무기로 내세운 제약사들이 환자를 대상으로 한 보장성 확대에 편승하는 아이러니한 결과를 가져오고 말았다.

행복해지는 약은 없다

우울감, 마음의 감기

통계청 보고에 따르면 2020년 매일 국민 36.1명(연간 1만 3195명)이 스스로 목숨을 끊었다. 자살이 한국인의 사망 원인 중 5위를 차지한다는 사실은 매우 놀랍다. 암, 심장 질환, 폐렴, 뇌혈관 질환 다음이다. 특히 자살률은 10만 명당 25.7명으로 오이시디 회원국 중 1위다. 더욱 심각한 점은 국가 간 연령 구조 차이를 제거한 연령 표준화 자살률이 23.5명으로 오이시디 38개국 평균인 10.9명의 2배가 넘는다는 사실이다. 자살은 10대, 20대, 30대의 사망 원인 중 압도적인 1위이며, 40대와 50대의 사망 원인 2위다.

유명 연예인, 성공한 기업가, 전직 대통령의 자살 기사를 접하면 전 국민이 우울해진다. 정부에서 내놓는 원인과 해법을 보면 더 우울해진다. 대체 우울이란 뭘까? 우울은 슬프고 불행한 감정을 말한다. 이런 기분이 보통 6개월 넘게 일정 기간 지속되면 우울증이라고 한다. 그렇지만 우울은 좌절을 겪을 때 나타나는 정상적인 감정이기도 하다. 누구나 겪을 수 있는 일이라 '마음의 감기'라고 부르기도 한다.

이익보다 위험이 큰 우울증 약

우울한 감정은 대부분 일시적이어서 굳이 치료하지 않아도 된다. 물론 만성이거나 중증이라면 위험할 수 있기 때문에 반드시 전문의를 찾아 상담하고 치료해야 한다. 그러나 감기가 약이 아니라 충분한 휴식과 안정, 수분 섭취로 좋아지듯, 우울증도 약보다 가벼운 기분 전환, 운동, 가족과 친구의 도움이 먼저 필요하다.

그러나 제약사는 우울증은 약으로 이겨내야 한다고 강조한다. '해피 필'이라는 말을 이용해 약이 사람을 행복하게 해준다고 광고한다. 만사가 귀찮고 의욕이 없는 사람들이 약을 먹으면 활기가 넘치고 인생이 행복해질 수 있다는 이미지를 심어준다. 이런 광고의 위력 덕분에 세계 매출 상위 의약품에 대표적인 우울증 약들이 들어가 있다.

우울증 약은 대부분 이익보다 위험이 더 크다. 오히려 우울증을 깊게 하며, 때로는 심한 자살 충동을 일으킨다는 의심을 받는다. 병을 고치려다가 더 위험해질 수 있다는 얘기다. 대표적인 우울증 약 푸로작을 만드는 제약사 일라이 릴리는 제품 발매 전부터 자살 경향과 살인 충동 같은 부작용을 알면서도 그 사실을 숨긴 일이 드러나 소송을 당했다. 한국에서는 이 약이 식욕을 떨어트리는 다이어트 약으로 편법 처방되고 있어 더욱더 위험하다.

우울증은 개인적 질병이라기보다는 사회적 질환이다. 직장을 잃고 우울증에 빠져 자살하는 노동자를 다룬 뉴스를 보면 우울증이 개인 문제가 아니라는 사실을 알게 된다. 또한 우울증 치료에 다른 사람의 도움이 꼭 필요하다는 점을 봐도 우울증에는 사회적 속성이 있다.

'해피 필'보다 중요한 사랑과 이해

전세계적으로 우울증이 급증하면서 2017년 보건의 날을 맞아 세계보건기구는 우울증을 중점 사업으로 선정했다. 도시화에 따른 대가족 붕괴, 가족, 친구, 이웃하고 단절된 일상을 우울증이 급격하게 증가한 원인으로 보고 있다. 또한 인터넷 발달로 대면 상호 관계가 줄어든 상황도 지적한다. 미국에서 10대 우울증 증가는 스마트폰의 탄생하고 결을 같이한다. 성소수자들은 차별적이고 혐오적인 시선, 더 나아가 폭력 때문에 다른 사람보다 우울증을 겪을 가능성이 훨씬 크다는 연구 결과가 많다. 국가인권위원회 조사에서도 트랜스젠더 10명 중 6명이 우울증 진단을 받았다.

2020년에는 '코로나 블루'라는 말이 생겼다. 코로나19가 전세계에 유행하면서 사회적 활동이 위축되고 거리 두기가 길어지자 사회적 고립감이 증대돼 우울감이나 무기력증으로 이어지는 현상을 말한다. 코로나 블루가 고립감 때문에 생긴다는 점도 사회적 관계의 중요성을 알려준다.

우리는 누구나 행복해지기를 바란다. 행복해지려면 약이 아니라 따뜻한 관심과 배려, 사랑이 필요하다. 지금 우리에게 가장 필요한 것은 '해피 필'이 아니라 나를 이해하고 사랑하는 사람들이다.

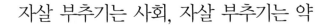

자살 부추기는 사회, 자살 부추기는 약

생각보다 단순한 자살 예방법

매년 9월 10일은 세계 자살 예방의 날이다. 한국은 하루 평균 36명이 스스로 목숨을 끊고 있으며, 2020년 기준 16년째 오이시디 국가 중 자살률 1~2위라는 불명예를 유지하고 있다. 자살을 하는 이유는 매우 복합적이지만 예방법은 단순하다. 자살을 예방할 수 있는 보호책은 많이 만들고 자살을 유발하는 위험 요소는 줄이면 된다. 이렇게 보면 의약품은 자살 예방에 사용되기도 하지만 동시에 자살을 유발하는 기폭제가 되기도 한다. 미국에서 자살률이 급등한 이유가 항우울제와 처방 진통제 복용 증가라는 분석이 점차 힘을 얻고 있다. 우리가 흔히 사용하지만 자살을 유발할 수 있는 약에 관한 정보와 대안을 알아보자.

항우울제

자살 위험이 큰 우울증 환자에게 사용하는 항우울제의 가장 위험한 부작용은 아이러니하게도 자살이다.

우울증은 다양한 원인에 따라 발생한다. 첫째, 약물 복용 부작용이다. 바르비투르산염 수면제, 디아제팜, 트리아졸람 등 신경 안정제, 프로프라놀롤, 프라조신 등 고혈압 약, 메트로니다졸, 시프로플록사신 등 항생제, 암페타민류 다이어트 약, 시메티딘, 라니티딘 등 위장약, 이부프로펜 등 진통제, 이소트레티노인 여드름 약 등이 그런 약물이다. 약물 부작용으로 생긴 우울증은 약 용량을 줄이거나 다른 약으로 변경해야 한다. 항우울제는 별다른 도움이 안 된다. 둘째, 배우자 상실, 가족의 죽음, 해고 등 누구나 슬픔을 느낄 수 있는 상황에서 생기는 정상적 반응으로서 우울증이다. 약보다 가족과 친구의 도움, 운동, 상담 등이 훨씬 효과적이다. 셋째, 암, 간염, 뇌졸중, 파킨슨이나 알츠하이머를 겪는 사람들에게 찾아오는 우울증으로, 이때는 항우울제가 도움이 될 수 있다. 넷째, 항우울제를 먹어서 도움이 되는 가장 일반적인 사례로 일상적 생활을 영위할 수 없을 정도의 우울감, 집중력 저하, 자살 생각, 극도의 피로 등이 몇 주 동안 지속될 때 약물 치료를 고려할 수 있다.

우울증 약은 특히 소아와 청소년에게 자살 위험을 높인다. 2004년 미국 보건 당국은 모든 항우울제에 소아와 청소년에게 자살 위험을 증가시킨다는 블랙박스 경고 문구를 넣도록 했으며, 2007년에는 젊은 성인(18~24세)도 포함했다.

우울증 치료의 일차 선택은 주변 관심과 애정, 운동, 상담 등이다. 만약 항우울제를 복용해야 한다면 특히 소아, 청소년, 젊은 성인은 가족들이 꼭 세심히 관찰해야 한다. 혹시 행동에 이상이 있거나 자살 시도 등을 한다면 바로 다른 방법을 찾아야 한다.

알레르기 약

알레르기 비염, 천식에 많이 사용되는 몬테루카스트는 알레르기 질환이 점점 많아지는 현대 환경에서 더욱 주목해야 한다. 몬테루카스트는 효과 논란뿐만 아니라 정신과 부작용도 계속 보고되고 있다. 유럽 의약품청은 몬테루카스트가 자살 부작용에 관련이 있다는 보고가 여럿 접수된 사실을 밝혔고, 미국 식품의약국도 자살 충동, 공격성, 환각, 우울, 불면 같은 부작용을 경고했다. 스웨덴에서 진행한 연구에 따르면 몬테루카스트를 복용해 악몽, 공격성, 불면, 분노 같은 부작용이 나타나다가 약물 복용을 중단하자 93퍼센트에게 부작용이 사라졌다.

알레르기 비염, 천식 치료제들은 다양하다. 비염 증세가 경미하거나 간헐적으로 나타날 때는 지르텍 등 2, 3세대 항히스타민제를 사용하고, 증세가 심할 때는 스테로이드 비강 분무액이 효과적이다. 천식 치료는 좁아진 기관지를 빠르게 완화하는 기관지 확장제와 알레르기 염증을 억제해 천식 발작을 예방하는 스테로이드를 사용하는데, 싱귤레어는 단독 사용뿐만 아니라 천식 환자의 스테로이드 사용을 줄일 목적으로 처방되고 있다. 그러나 스테로이드 용량을 유의미하게 줄이려면 싱귤레어를 현재 허가받은 용량의 몇 배 정도 써야해서 사실상 의미가 없다. 효과와 위험을 가늠할 때 싱귤레어는 아주 조심해서 사용해야 한다. 특히 어린아이에게 더욱 그렇다.

금연 보조제

'흡연은 질병입니다. 치료는 금연입니다.' 금연 홍보 문구다. 금연을 돕는 방법이 많지만 가장 쉽게 시도할 수 있는 수단은 금연 보조제, 곧 약이다. 예전에는 금연 패치, 껌, 사탕 등 니코틴 대체 요법제가 주로 쓰였지만, 지난 몇 년 동안에는 바레니클린을 금연 보조제로 가장 많이 쓰고 있다.

그러나 바레니클린은 금연을 위해 고려할 수 있는 마지막 보루로 남겨두어야 한다. 바레니클린은 자살, 우울증, 적대감 등 심각한 정신과적 부작용을 나타내며 심장 질환 있는 흡연자들에게는 심장 발작 등 심혈관계 위험을 증가시키기 때문이다. 또한 얼굴, 입, 목구멍에 심한 알레르기를 일으켜 숨쉬기 힘들게 해 생명을 위협하기도 한다. 나와 가족의 건강을 위한 금연, 오히려 독화살이 되어 돌아올 수도 있다는 사실을 기억하자.

에이디에이치디 치료제

에이디에이치디는 소아기와 청소년기에 가장 일반적으로 진단되는 정신과적 장애로서 지속적인 주의력 산만, 과다 활동, 충동성 등을 특징으로 한다. 에이디에이치디 치료제로 사용되는 아토목세틴 중 스트라테라는 자살 충동이라는 아주 심각한 부작용이 있는데, 미국 식품의약국 임상 결과에 따르면 스트라테라를 복용한 1357명 중 5명이 자살 충동을 느꼈다. 2013년 오스트레일리아 보건 당국도 스트라테라 부작용으로 정신과 관련 74건을 보고받은 결과 그중 절반 이상에서 자살 관념이 나타난 사실을 확인했다.

타미플루

독감 바이러스는 체내에 들어와 빠르게 증식한다. 바이러스 1개가 몸

속에 들어오면 8시간 뒤 100개, 16시간 뒤 1만 개, 24시간 뒤 100만 개로 증가한다. 보통 독감 치료제 오셀타미비르 성분이 들어간 타미플루를 바이러스를 격퇴하는 약으로 생각하지만, 불행하게도 타미플루는 그런 능력이 없다. 단지 바이러스가 더 확산하지 않게 할 뿐이다. 이 말은 초기 증세가 나타나고 48시간이 지나면 약을 먹어도 의미가 없다는 이야기다.

일본은 전세계 타미플루 1위 처방 국가였다. 2006년 타미플루를 복용한 10대 청소년이 투신하는 사건이 잇달아 발생해 39명이 사망했다. 높은 곳에서 뛰어내리거나 갑자기 차도로 뛰어드는 등 이상 행동 보고가 잇따랐고, 2007년 후생노동성은 미성년자에게 타미플루 투약을 원칙적으로 금지하지만 정신과적 이상 반응은 인과 관계가 확실하지 않다는 연구 결과를 토대로 투약을 재개했다.

한국에서도 타미플루를 복용한 청소년이 부작용으로 의심되는 환각 증상을 보이고 다치거나 사고사한 사례가 있었다. 2015, 2016, 2018년에 추락사 3건이 확인됐다. 이상 행동은 대부분 타미플루 복용을 시작하고 1~2일 만에 나타난다. 여러 가지를 고려한 타미플루 복용 권고안은 다음과 같다. 고위험군이 아닌 미성년자는 타미플루 복용을 자제하고, 꼭 먹어야 한다면 증세가 나타난 뒤 바로 복용하고, 복용한 뒤 최소한 이틀은 보호자가 곁을 지켜야 한다.

탈모 치료제

전립선 비대증 약을 개발하던 연구자들은 환자들이 몸에서 털이 자꾸 자라난다는 부작용을 호소하는 바람에 심각한 난관에 부딪혔다. 위기를 기회로 삼아 연구자들은 이 약을 탈모 치료제로 탈바꿈시켰다. 피나스테리드가 들어간 전립선 비대증 약 프로페시아는 반전에 성공했다.

그러나 발기 부전, 사정 장애, 성욕 감퇴 등 이미 널리 알려진 부작용에 더해 2003년 고위험 전립선암 발병을 높인다는 연구 결과가 발표됐다. 2009년 영국에서 남성 유방암 위험을 지적하고 2014년 세계보건기구에서 발작 위험을 경고했으며, 얼마 전 한국 식품의약품안전처는 우울증, 자살 충동 등 부작용 위험도 경고하고 나섰다. 신체적 열등감을 불러오는 원인인 대머리를 치료한다는 점에서 '해피 메이커'로 부르던 프로페시아가 사람을 우울증에 빠트리고 자살 충동을 부추기다니, 탄생 때 겪은 반전만큼 커다란 반전이 또 있었다.

여드름 치료제

"엄마, 이 약은 저의 몸과 마음을 송두리째 바꿨어요. 이 약에 대한 증오가 너무 커서 약의 이름을 여기에 쓰는 일도 힘이 들어요."

2011년 절벽에서 몸을 던진 24세 영국 청년이 부모에게 부치지 못한 마지막 편지 내용이다. 청년이 힘들게 적은 그 약의 이름은 이소트레티노인이 들어간 로아큐탄, 바로 중증 여드름 치료제다.

2004년까지 미국 식품의약국에는 정신과적 부작용 4992건이 보고됐으며, 이 중 자살 관련 부작용은 192건이었다. 세계보건기구에도 로아큐탄 자살 부작용 보고가 줄을 이었다. 구순염, 피부 등 점막 건조증, 근육통, 간독성 등 부작용은 소소해 보일 정도다. 가장 위협적인 부작용은 기형아 출산 가능성이다. 미국에서 1982~2003년 임신을 계획하던 여성 2000명 이상이 로아큐탄을 복용한 뒤 대부분 낙태하거나 유산했고, 임신이 유지된 임산부 160명은 기형아를 출산했다. 제약사는 소송에 휘말렸고, 2009년 미국에서 철수했다. 로아큐탄은 모든 치료를 다 해본 뒤 도저히 낫지 않는 중증 난치성 여드름에만 아주 조심스럽게 살피고 또 살펴서 써야 하는 약이다.

환자를 만들어라

'비만, 이제 의사와 상의하십시오'

뚱뚱한 여성 세 명이 속옷만 걸친 채 서 있다. 대중 목욕탕 대기실을 스케치한 듯한 그림 아래 '비만, 이제 의사와 상의하십시오'라는 문구가 눈에 들어온다. 2001년에 거의 모든 일간지에 전면 광고로 나온 이 장면은 다국적 제약사 로슈가 제니칼이라는 다이어트 약을 발매하면서 벌인 광고 캠페인이었다. 제약사는 비만은 단순히 아름답지 않은 몸매나 질병을 만드는 원인이 아니라 질병 자체라는 사실을 알리고 싶어서 이런 광고를 냈다.

사람들은 제약사를 약 만드는 기업으로 알고 있다. 그러나 유명한 다국적 제약사들은 신약 연구 개발보다 새로운 질병과 환자를 개발하는 데 더욱 열을 올린다는 사실을 아는 사람은 그리 많지 않다. 30여 년 전 다국적 제약사 머크의 최고 경영자는 모든 사람이 껌처럼 의약품을 복용하는 사회를 꿈꾼다고 말했다. 환자들한테만 약을 팔기에는 탐욕이 너무 크다. 그런데 그 꿈이 이루어지고 있다.

의학 저널리스트 앨런 커셀스는 《질병 판매학》에서 이렇게 주장했다. "세상에는 건강한 사람에 견줘 환자는 소수에 지나지 않는다. 이런 시장 구조가 제약사의 성장에는 큰 장벽이다. 그래서 제약사들이 개척한 '블루 오션'이 '건강한 정상인 시장'이다." 건강한 사람과 환자의 경계를 모호하게 한 뒤 질병과 죽음을 두려워하게 만들어서 정상인도 약을 찾게 한다는 얘기다.

새로운 질병과 환자를 만들어라

개인 성향에 따라 부끄러움을 잘 타는 것도 '사회 공포증'이 될 수 있고, 노화에 따라 자연스러운 증상인 폐경도 어느새 호르몬 요법이 필요한 질환이 되고 있다. 생리를 앞두고 평소보다 예민해지면 '월경전 불쾌 장애PMDD', 왠지 모르게 산만한 사람을 성인 에이디에이치디라고 부르는 등 예전에는 병으로 분류하지 않던 증상을 질병으로 부르기 시작했다.

제약사는 전문가와 미디어를 이용해 건강한 사람과 환자의 경계선을 애매하게 해서 되도록 많은 사람을 환자로 만들려 한다. 아픈 사람과 건강한 사람을 구분하는 기준은 나이와 환자에 따라 다르게 적용한다. 나라와 문화의 차이에 따라서 다를 수 있고, 과거에는 병으로 여겨지다가 현대에는 병이 아니거나, 아니면 그 반대일 수도 있다. 질병을 정의하는 경계를 애매하게 그릴수록 잠재적 환자층이 더 두터워지고 의약품 소비 시장이 더 커진다는 점은 분명한 사실이다. 오늘날 이런 기준을 만드는 많은 전문가가 제약사의 영향력 아래에서 일하고 있고, 그 영향력이 강화될수록 질병의 경계는 더욱더 모호해진다.

고콜레스테롤 혈증, 고혈압 같은 수치상 가이드라인을 정하는 국제학회의 전문위원회는 절대적 권위를 인정받는다. 그렇지만 이 중 상당수가 제약사의 후원을 받거나 제약사가 제공한 주식을 소유하는 등 이권에 관련된 실상을 알게 되면 그 권위가 다르게 보인다. 고혈압 가이드라인을 정하는 전문위원 11명 중 9명은 제약사에서 연설이나 자문 등을 이유로 금전적 이득을 취한 사람들이었다. 그런 사람들을 '고혈압 마피아'라고 부른다.

병 주고 약 주고

병 주고 약 준다는 속담이 있다. 상대를 해치거나 상처를 입힌 뒤에 위로하거나 도와준다는 뜻으로, 비열한 짓을 비판할 때 쓰는 말이다. 제약사도 병 주고 약 준다. 건강한 사람을 환자로 만들어서 약을 먹게 한다는 뜻이다.

오늘도 제약사 영업 사원들은 의사를 찾아가 병을 보는 관점을 자기들이 팔 제품에 맞추는 판촉 활동을 펼친다. 제약사 이익에 관련된 거의 모든 질환은 매번 가이드라인을 정할 때마다 정상인 범위가 줄어들고 환자 범위는 넓어진다.

제약사는 건강한 사람의 범위가 점점 줄어드는 현실을 이용해 적극적으로 겁주기 마케팅을 펼친다. 이를테면 콜레스테롤은 인간의 생명 활동에 꼭 필요한 체내 성분이지만 혈중 콜레스테롤이 높으면 동맥경화, 심장마비, 뇌졸중 같은 심혈관계 질환이 발생할 확률이 높다는 사실은 과학적으로 증명됐다. 그렇지만 건강한 사람이 콜레스테롤이 얼마나 높아야 심장 질환의 위험성이 높아지는지는 아직 밝혀지지 않았다. 그런데 가이드라인 전문위원회는 다른 질환들처럼 점점 정상 범위를 좁히고 있다. 숫자를 줄일수록 건강한 사람이 비정상인이 되고, 수천만 명이 제약사 마케팅의 표적이 돼 의약품을 복용하는 소비자가 된다. 흡연자도 아닌 젊은 사람이 어느새 심장마비 발생 위험도가 높은 위험군으로 분류돼 약을 먹어야 한다.

심장 질환은 생활 습관, 비만, 흡연, 고령화 등 복합적인 원인 때문에 일어나지만, 제약사는 콜레스테롤이나 혈압 등 몇몇 지표로 원인을 축소해 판촉한다. '질병의 범위는 넓히고 원인은 좁혀라'가 제약사 마케팅의 캐치프레이즈다. 환자 범위를 넓혀 건강한 사람을 소비자로 발굴하고 원인을 좁혀서 특정한 약만이 질병을 해결할 듯 과장한다. 이런 판촉 활동은 공공 영역에서 풀어야 할 보건 서비스 문제를 의약품 처방으로 단순하게 풀어버리는 오류를 낳기도 한다.

이를테면 폐경한 여성들에게 생기는 골절은 골다공증 등 건강 문제일 수 있다. 특히 넘어져서 생기는 엉덩이 골절은 매우 고통스럽고 치료비도 많이 든다. 이런 문제는 생활 방식을 바꾸거나 안경을 쓰거나 미끄러운 실내 환경을 개선하고 체중을 조절해서 얼마든지 예방할 수 있다. 그렇지만 지금도 골밀도 검사와 골밀도 저하를 늦추는 약을 처방하는 데 비용을 많이 쓸 뿐 국가는 고령자 낙상 방지 교육이나 환경 개선에는 거의 예산을 쓰지 않는다.

포사맥스는 골밀도 감소를 늦춘다는 대표적인 의약품이다. 아무런 효과가 없는 가짜 약을 써서 위약 비교 실험을 하니, 여성 위약군 100명 중 2명, 곧 2퍼센트에서 엉덩이 골절이 생겼고, 포사맥스 복용자는 1퍼센트에서 발생했다. 제약사는 50퍼센트 감소 효과를 봤다고 홍보했지만, 속임수에 지나지 않는다. 제약사의 이런 꼼수가 염려되는 가장 큰 이유는 사람들이 약만 먹으면 다 해결된다는 안이한 생각에 젖어서 실제로 골절을 예방하는 방법에 소홀하게 된다는 점이다.

공포 마케팅

미국하고 다르게 일반인 대상 전문 의약품 광고를 금지하는 한국에서는 제약사가 색다른 형태로 판촉을 한다. 2009년 한국 얀센이 공공 의료 기관인 보건소에서 '산만한 아이, 현명한 부모'라는 강좌를 열었다. 부모들에게 공포심을 심어 새로운 환자를 만들어내고 에이디에이치디 치료제 판매를 늘리려는 시도였다.

지금도 제약사와 제약사에 결탁한 전문가들은 사람들이 가벼운 병이라고 생각하거나 자연스러운 과정으로 여겨온 증세를 '질병'으로 생각하게 만든다. 예전에는 단지 불편하다고 받아들인 증상을 이제는 약물과 전문의가 도와야 하는 질환으로 둔갑시켜 공포를 조장한다. 이 시간에도 특정 질환의 위험성을 알리고 작은 증상이라도 나타나면 전문가에게 달려가라는 기사를 신문과 방송에서 쉽게 볼 수 있다. 이런 공포 마케팅에 둘러싸인 사람들은 새로운 약과 치료법에 매달린다. 시민운동가 웬디 암스트롱은 이렇게 얘기했다.

"필요 없는 약물 복용과 효과가 의심스러운 검사에 매달리는 현상을 두고 '현대 도시의 미신'이라는 식으로 소비자들을 비난해서는 안된다. 모두 그렇지는 않지만 첨단 의학 기술의 수요가 늘어나는 것은 환자 등의 소비자보다는 이 기술에 투자한 사람들의 욕구 때문에 발생한다."

새로운 약과 기술이 나올 때마다 되도록 많은 사람이 검사받게 하는 새로운 마케팅이 쏟아질 테고, 우리는 의심스러운 검사와 약물에 몸을 맡기게 된다. 그렇지만 새로운 약은 효용보다 위험성이 훨씬 더 클 때가 많다는 사실을 잊지 말아야 한다.

이런 겁주기 마케팅이 쏟아지는 상황에서 일반인이 스스로 좋은 정보를 가려내기란 불가능에 가깝다. 정보가 부족한 개인은 이런 환경에 노출된 때 현혹되기 쉽기 때문에 감독 기관이 적극적으로 개입해야 한다. 그렇지만 한국얀센의 에이디에이치디 치료제 판촉 논란처럼 마케팅 수법이 워낙 교묘해져 이런 행위를 규제하고 개선해야 할 공공 기관도 제약사에게 이용당한다.

우리는 어떤 증세를 병으로 규정짓는 일은 과학이라고 믿고 있지만, 어떤 병은 약을 팔려고 만들어지거나 과장됐다. 이 순간에도 제약사는 약을 팔려고 병을 만들고 있다. 모든 사람이 껌처럼 의약품을 복용하는 그날까지.

한 번 털고 또 털어라

군수 산업보다 제약 산업

미국에서 가장 수익률이 높은 산업은 무엇일까? 군수 산업? 금융업? 아니다. 바로 제약 산업이다. 다국적 제약사들은 의약품 개발에 천문학적인 연구 개발비가 들기 때문에 제약 산업에서 수익이 많이 남을 수밖에 없다고 주장한다. 그러나 정작 그 비용이 얼마냐는 질문에는 제대로 답한 일이 없다.

실제로 연구 개발비에는 시민이 낸 세금과 공적 자금이 꽤 많이 들어간다. 시민이 체감하지 못하는 세금 감면과 조세 혜택 등 다양한 지원뿐 아니라 정부 기관이 직접 공적 자금도 투입한다. 어느 연구에 따르면 1999년 제약 분야 연구 개발에 투자된 비용의 60퍼센트만 제약사가 부담했다.

1999년 9월 미국 정부는 공적 자금으로 개발된 6개의 에이즈 약, 말라리아 치료제, 개발도상국에서 중요한 이해가 걸린 의약품들의 특허권을 미국 제약사에 넘겨주는 결정을 내렸다. 일반적으로 정부는 국민의 건강을 기업 이익보다 더 중요하게 생각하지만, 미국 정부는 국민 건강보다 업계의 이익 보호를 결정한 것이다.

— 영국 기업감시, 〈화이자의 영향력과 로비〉에서

최초의 에이즈 치료제인 아지도티미딘, 역사상 가장 많이 팔린 항암제 택솔, 블록버스터 알레르기 약인 클라리틴 등의 실례를 봐도 마찬가지다. 국민이 낸 세금으로 지원하는 국가 공공 연구 기관의 연구 결과를 제약사들이 싼값에 사들여 비싸게, 그것도 독점권을 행사하며 약을 판매해 이득을 얻고 있다.

— 마르시아 안젤, 《제약회사들은 어떻게 우리 주머니를 털었나》에서

제약 업계 옹호론자들은 높은 수익이 제약 산업의 독특한 특성 때문에 정당하다고 주장한다. 근거는 의약품 연구와 개발에 어마어마한 투자가 필요하고 투자비를 날릴 위험도 크다는 점이다. 이 주장을 비판하는 학자들은 다 된 밥에 숟가락만 얹는 제약사가 이런 주장을 할 근거도 없고, 백번 양보해서 초기에 많은 투자비가 든다고 해도 투자비를 회수한 뒤에도 높은 가격을 유지하는 현실은 문제라고 강조했다. 미국 시민단체들은 약값이 비싼 이유가 연구 개발비 때문이 아니라 높은 마케팅 비용 때문이라고 지적하는 한편, 의약품 기초 연구는 대학이나 공공 연구소에서 더 많이 진행한다며 제약사가 하는 주장을 반박했다.

제약 업계가 하는 주장처럼 높은 수익과 연구 개발비의 관계가 간단하지 않은 이유는 공적 자금을 받아 연구 개발을 진행하기 때문이다.

특정 영역의 기초 연구는 일반적으로 공공 부문에서 먼저 시작한다. 제약사들은 이런 연구를 주시하다가 연구 결과가 큰 이익을 낼 수 있다고 판단하면 그제야 재빨리 참여할 뿐이다.

창조적 회계

《포브스》는 2000년 미국 상위 10개 제약사의 연구 개발 비중을 살펴보고 이렇게 보도했다. "국립보건원NIH이 예산의 40퍼센트를 쓰는 반면 중심 제약사들은 전체 수입의 20퍼센트만 지출한다."《가디언》도 2001년에 제약사들이 회계 조작으로 연구 개발 예산을 부풀린다면서 '약간의 창조적인 회계 수단'을 동원해 세금 환급을 목적으로 모든 지출 항목을 연구 개발비로 회계 처리한다'고 폭로했다. 반면 이익은 고스란히 민간 제약사들에게 돌아가는데, 1998년《보스턴 글로브》는 국립보건원 연구소가 약물과 백신 연구 개발에 1996년 10억 달러를 지출하지만, 로열티는 2700만 달러뿐이라고 보도했다.

제약 업계는 교묘하게 회계까지 조작해 많은 연구 개발비를 투자한다고 주장했다. 그러나 제약사는 날이 갈수록 연구 자금을 공적 자금에 기대고 있다. 1999년 9월, 미국 국립보건원 원장 해롤드 바머스는 에이즈 치료제 6종뿐만 아니라 말라리아 치료제와 개발도상국에 중요한 몇몇 의약품들을 사실상 공적 자금으로 개발한다고 밝혔다. 그러면서 미국 정부는 미국 법에 따라 공중 보건 산업에 그 약을 사용할 권리를 가져야 한다고 주장했다. 바머스는 제약사들의 지식 재산권을 훼손하는 일이 중요 약물 개발을 방해한다는 불만은 터무니없다고 비난하면서 제약사들이 손도 안 대고 코를 풀려한다고 주장했다.

워싱턴과 제네바를 근거로 활동하는 국제 시민단체인 '널리지 에콜로지 인터내셔널'의 제임스 러브도 분통을 터트렸다. "국립보건원이 문제의 약물을 발견하고 합성하는 어려운 일을 한 뒤에도 이런 말도 안 되는 일이 벌어지고 있다. ...... 세계의 모든 나라들이 미국 정부가 발명한 연구 결과에 오랫동안 천문학적인 금액을 지불할 것이다. 우리 스스로 미국 정부가 수백만 명을 구하려고 공적 자금으로 만든 지식 재산권을 공유하지 않는데, 어떻게 글락소스미스클라인 같은 제약사들이 지식 재산권을 공유하기를 기대할 수 있을까? 이런 미국 국민의 도덕적 품성에 관해 무슨 말을 할 수 있을까? 이런 상황은 전적으로 우리 책임이다."

의약품 연구 개발에 들어가는 공적 자금

보건 의료 소비자 시민단체인 패밀리스유에스에이도 2001년 7월 연구 개발비가 많이 들어가기 때문에 약값이 비싸다는 주장을 반박한 보고서를 냈다. 이 보고서는 제약사들이 연구 개발보다 마케팅, 광고, 관리에 두 배 더 많이 투자하는 현실을 보여준다. 그리고 제약사는 연구 개발비를 초과하는 이익을 얻고, 다른 산업에 견줘도 이익이 훨씬 높고, 최고 경영자들에게 아낌없이 보상을 제공한다고 했다. 게다가 이렇게 벌어들인 많은 돈이 '독립' 연구자들이나 언론인들에게 '뇌물'로 흘러가기도 한다.

가이아 재단은 제약 업계에서 가장 철저하게 지켜지는 비밀은 가격 정책과 제약사가 로비에 쓰는 돈이라고 주장했다. 미국의 모든 대형 제약사를 대표하는 미국 제약연구제조협회PhARMA는 워싱턴에서 가장 많은 로비 예산을 쓰는 단체 중 하나다. 이렇게 다국적 제약사들은 연구 개발 단계에서 우리 주머니를 한 번 털고 판매 단계에서 또 한 번 턴다.

오늘도 다국적 제약사들은 특허 기간 연장, 에버그리닝(화학 구조를 일부 바꾸거나 특허 범위를 늘려 특허 기간을 연장하는 전략), 자료 독점권 등을 동원해 우리 주머니를 더 오랫동안 털기 위해 노심초사하고 있다.

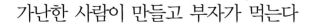

가난한 사람이 만들고 부자가 먹는다

도덕과 과학이 충돌하는 임상 시험

1950년대 말 유럽의 많은 산모들은 크게 당황했다. 태어난 아기가 괴상한 모습이었다. 몸통에 손목이나 발목이 들러붙어 마치 바다표범처럼 생긴 아이들을 보고 부모들은 절망했다. 귓구멍이 없거나 장이 기형이거나 항문이 없는 아이들도 있었다. 부모들은 신을 원망할 수도 없고, 아이가 이렇게 태어난 현실을 운명으로 받아들일 수밖에 없었다.

1961년 오스트레일리아의 한 산부인과 의사가 원인을 밝혀냈다. 이 의사는 태아 기형과 탈리도마이드가 연관된다고 의심했다. 임신 3개월 안에 단 한 번이라도 이 약을 먹은 임산부가 낳은 아기에게 기형이 나타난다고 발표했다. 그 결과 탈리도마이드는 '악마의 약'이 돼 시판이 중지됐다. 그러나 이미 46개국에서 희생자가 1만 명이나 발생한 뒤였다. 유럽에서만 8000명 넘는 희생자가 나왔다.

독일의 한 제약사가 처음 발매한 때는 이 악명 높은 약을 부작용이 거의 없는 기적의 약이라고 불렀다. 실제로 이 약물은 신경 안정제로

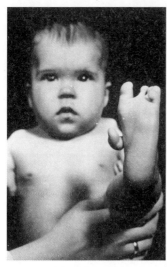

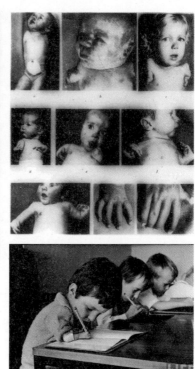

탈리도마이드의 비극

개발됐는데, 인체에 투약하기 전 동물 실험에서 어떤 부작용도 발견되지 않았다. 1957년 발매된 탈리도마이드는 유럽과 아프리카에서 엄마 젖만큼 안전한 약이라고 소개됐다. 산모 입덧에 뛰어난 효과를 보여서 제약사는 막대한 이익을 얻었지만, 이면에 놓인 비극을 아무도 눈치채지 못했다.

약 시판 전 거쳐야 하는 3단계 임상 시험

미국 식품의약국은 동물 실험 결과 데이터에서 이상을 발견하고 탈리도마이드 허가를 차일피일 미뤘다. 그러는 사이에 유럽에서 문제가 불거지면서 미국 식품의약국은 의약품 안전성에 관련해 본의 아니게 세계적인 명성을 획득한다. 이후 세계 각국에서는 의약품 안전성에 관한 법률을 마련하고 규제 조치를 시행했다. 1962년 미국에서 식품·의약품·화장품법을 강화해 케파우버-해리스 개정법이 모델이 됐다.

이 법에 따르면 공중 보건에 해로운 약을 곧바로 시장에서 퇴출할 수 있으며 신약 출시를 허가받으려면 안전성을 충분히 증명하고 효능도 입증해야 한다. 실험 몇 번 한 결과나 전문가 의견을 근거로 약을 출시할 수 없고 무작위 대조군 인체 실험에서 위약보다 통계상으로 효능이 좋다는 사실을 입증해야 했다. 그전에는 효능이나 효과를 증명할 필요가 없거나 몇몇 사례를 근거로 얼마든지 의약품을 판매할 수 있었지만, 이제는 수만 명을 대상으로 한 임상 시험 결과를 제시해야만 했다. 제약사들이 낸 신약 신청서는 1938년에는 30쪽 안팎이었지만, 이 법을 시행한 뒤인 1968년에는 6만 2000쪽으로 크게 늘었다.

여러 규제가 시행되면서 의약품 안전성에 관한 신뢰는 높아졌지만 아직 시스템이 완전하다고 보기는 어렵다. 제아무리 동물 시험을 면밀하게 관찰하고 시판 전에 임상 시험을 많이 한다고 해도 어떤 약이 완벽하게 안전하다고 보장하기는 힘들기 때문이다. 동물은 인간하고 달라서 제대로 된 부작용을 '모니터링'할 수 없다는 사실은 탈리도마이드 사태에서 얻은 교훈으로 충분히 확인된다. 판매 전 임상 시험은 통제된 환자에게 투약하기 때문에 사례가 아무리 많아도 근본적인 한계가 있다. 적은 임상 시험으로 효과는 얼마든지 증명할 수 있지만, 부작용은 임상 사례가 많아도 모두 알아내지 못한다. 통제되고 설계된 임상에 견

쥐 실제 임상은 통제가 어렵고 나이, 인종, 병행 질환, 성별에 따라 반응이 여러 가지이기 때문이다.

약은 시판되기 전에 반드시 동물 시험과 3단계 임상 시험을 거친다. 먼저 동물 시험으로 효과가 있는 약물을 검색하고 부작용에 관한 예비 실험을 해서 인간에게 투약해도 되는지 검토한다. 그렇게 해서 안전하고 유효하다고 판단한 약을 인간에게 투약한다. 이때 환자가 아니라 건강한 지원자에게 먼저 투약하는데, 이 단계가 1상 시험이다. 1상 시험에서는 약이 인체 안에서 어떻게 반응하고 작용하는지를 검토한다. 체내에서 어떻게 대사되고 배설되는지를 관찰하려는 목적인 시험인 셈이다.

2상 시험은 소수의 환자에게 투약해서 신약의 효과를 측정하고 사용량을 검토하는 단계다. 이 시험으로 3단계에서 실시할 환자군, 용법, 용량이 결정된다. 3상 시험은 다수의 환자를 대상으로 약의 효과와 부작용을 검토하는 단계다. 이 단계를 마치면 비로소 약을 시판할 수 있는데, 동물 시험부터 3상 시험까지 7년에서 10년 정도 걸린다.

발매 뒤에도 5년 정도 조사를 한다. 이때는 시험 단계에서 드러나지 않은 여러 부작용을 관찰하고, 약물 간 상호 작용을 살피고, 다양한 병행 질환자에게 투약해 안전성과 유효성을 검증한다. 이 단계에서 비교적 안전하고 효과적이라고 믿던 약물이 퇴출되기도 한다. 바이옥스가 대표 사례다.

부자를 위한 가난한 사람들의 임상 시험

과학적이고 합리적이라고 믿던 임상 시험도 문제점이 점점 드러나고 있다. 선진국에서 하던 임상 시험을 가난한 국가에서 시행한다는 점이 특히 그렇다. 가난한 국가에서 임상 시험이 늘어나는 가장 큰 이유는 규제가 느슨하고 연구비가 적게 들기 때문이다. 이 과정에서 다국적 제약사들은 허술한 규제를 틈타 부도덕한 임상 시험을 시행해서 문제를 일으키기도 했다.

2003년 인도에서는 다국적 제약사가 유방암 치료제인 레트로졸이라는 약물을 400명 넘는 여성들에게 생식 능력을 높여주는 약이라고 속여서 임상 시험을 했다. 이 약은 태아에게 치명적인 항암제였고, 아직 의료용으로 허가가 나지 않은 상태였다. 부도덕한 임상 시험을 한 의사들은 물론 제약사도 처벌받지 않았다. 인도에는 임상 시험 지원자의 권익을 보호할 법이 없기 때문이었다.

이렇게 가난한 나라 사람들이 참여한 임상 시험을 거쳐 발매된 의약품들이 정작 시험에 참여한 사람들을 위해 쓰이지 못하는 현실도 문제다. 가장 큰 이유는 터무니없이 비싼 약값이다. 많은 아프리카 사람들이 에이즈 치료제 개발에 참여하지만 1년 약값이 선진국 사람들에게도 벅찬 2만 달러가 넘어 국제 문제가 되기도 했다. 가난한 나라 사람들이 부유한 백인들을 위해 마루타처럼 이용된다는 비판이 뒤따랐다.

임상 시험은 인간을 대상으로 하기 때문에 윤리와 도덕이 늘 중요한 쟁점이 된다. 의학 종사자들은 이런 논쟁을 과학적 성취를 방해하는 장애물로 여기기도 한다. 일부 생명 과학자들도 훌륭한 실험들이 윤리적 문제 때문에 불가능해진다고 불평하기도 한다. 인간 생명을 구할 수 있는 혁신적 약을 개발하는 일이 윤리적 문제 때문에 방해받고 있다는 주장에 현혹되기 쉽지만 엄격한 윤리관은 생명 과학자들이 지켜야 할

궁극적 목표다.

1974년 미국인권위원회에서 채택된 벨몬트 보고서는 이런 선언을 담고 있다. "과학자들은 인간 존중과 신의는 물론, 그것보다 야심 찬 목표인 정의도 실천해야 한다. 부자와 자유로운 사람들의 이익을 위해 또는 연구자의 호기심을 충족시키기 위해서 가난하거나 감금된 사람들, 취약 계층을 대상으로 실험해서는 안 된다."

위약을 둘러싼 윤리적 논쟁도 끊이지 않는다. 상태가 명확한 환자에게 위약을 투약해 연구 성과를 얻을 때 적절한 치료를 하지 않아 병세가 악화하거나 사망하는 사례가 있었다. 위약하고 비교하면 시험약이 어느 정도 효과를 내는지 명확히 알 수 있다. 명확한 관찰을 위해 기계적으로 연구를 관철하면 에이즈 환자나 암 환자가 위약 때문에 희생하는 윤리적 딜레마에 빠지게 된다. 그래서 요즘은 위약 비교 시험을 면제하기도 한다.

제약 업계 로비스트, 자유 시장 논리를 주장하며 규제 철폐를 외치는 보수적 경제학자, 빠른 신약 치료를 바라는 환자 단체 등의 압력으로 엄밀하고 엄격한 임상 시험을 필요 없는 규제처럼 여기게 된 일도 문제다. 1990년 초 미국 식품의약국의 신약 신청 심사 기간은 평균 23개월 정도로, 그사이 탈리도마이드의 비극을 잊은 사람들은 터무니없이 긴 시간처럼 여기기 시작했다. 심사 기간을 단축한다며 미국 정부가 내놓은 해법은 '의약품 승인 신청자 비용 부담법'이다. 이 제도 덕분에 예산을 늘리지 않고 많은 인력을 고용해 의약품을 심사할 수 있게 됐으며, 그 결과 심사 기간이 1년여로 절반 정도 줄어들었다.

더불어 의약품의 안전성과 효과를 모두 증명해야 한다는 기준도 완화됐다. 1991년 미국 식품의약국의 약품평가연구센터 규제관들은 신약이 더는 질병을 완화하거나 환자의 삶을 개선한다는 사실을 증명할 필요가 없다는 내용을 담은 논문을 발표했다. 제약사들이 실제 결과를 대신해 치료 효과를 예측하거나 측정하는 보조적인 종점이나 지표를 가리키는 '대리 목표점surrogate end point'을 이용해 어떤 약이 환자의 병을 개선한다는 사실을 증명하는 대신에 대리 목표점보다 더 측정하기 쉬운 어떤 특징을 보여주며 '효과 있음'을 증명해도 된다고 허용했다. 이를테면 제약사는 새로운 심혈관 약이 심장 질환 환자의 사망률을 감소시킨다는 사실 대신 콜레스테롤 수치를 감소시킨다는 사실을 보여주면 된다. 이런 조치들에 힘입어 제약사들은 신약을 빠르게 시장에 내놓을 수 있게 됐다.

부작용도 뒤이어 나타났다. 바이엘사의 고지혈증 치료제 베이콜은 근육이 소실되는 횡문근 융해증이라는 치명적 부작용 때문에 100명이 넘는 사망자가 확인돼 2001년 퇴출됐다. 규제가 풀린 뒤에 발매된 이 약들은 미국 식품의약국의 신약 심사 과정에 관한 신뢰에 치명상을 입혔다. 이 사건을 두고 어떤 이는 '이 개는 앞으로 사냥하지 않을 것이다'라며 냉소했다.

임상 시험은 많은 인력과 시간이 필요할 수밖에 없다. 시간과 자원을 허비하는 과정이 아니라, 일단 발매된 뒤 나타난 부작용을 되돌리는 데 들어가는 엄청난 사회적 비용을 막고 환자 개인의 비극을 예방하는 데 필요한 최소한의 지출로 인식해야 한다.

약을 맥주나 콜라로 만들어라

마케팅으로 활동하는 화이자

여기 독특한 제약사가 하나 있다. 바로 화이자다. 화이자는 연구 개발 중심의 세계적 제약사로 알려져 있지만 사실은 마케팅으로 성장한 특이한 역사를 지닌 회사다. 화이자는 어떤 다른 제약사보다 많은 연구 개발 예산을 책정한다. 그러나 연구 개발 예산보다 더 많은 돈을 마케팅에 쓰면서 대규모 텔레비전 광고 등 폭넓은 홍보로 약 이름을 생활 용품 이름으로 여기게 만들었다. 《파이낸셜 타임스》는 화이자가 글로벌 상위 기업 순위 목록에서 난공불락의 자리를 지키는 이유는 마케팅으로 최대한 활동하기 때문이라고 보도했다.

화이자가 실행한 성공적 마케팅이 업계에 큰 영향을 미치면서 제약 산업의 전통이 깨졌다. 후발 주자 화이자는 대규모 마케팅을 발판으로 테라마이신이 성공을 거두자 다른 의약품에도 비슷한 전략을 펼쳤고, 《미국의학협회지》의 가장 큰 광고주가 됐다. 몇몇 기업은 화이자의 '끈질긴 영업' 전술을 제대로 파악하지 못하고 좌충우돌 화이자를 공격했다. 그러나 이런 마케팅이 큰 효과를 내자 비슷한 전략을 채택했고, 결국 제약 업계의 '군비 경쟁'이 치열해졌다. 영업 사원을 많이 뽑고 마케팅 예산을 최대로 늘렸다. 그러고는 특정 약물 치료를 받는 소비자들에게 자사 의약품이 더 효과적이라며 텔레비전 광고를 퍼붓기 시작했다.

제약사인가, 아니면 청량음료 회사인가

제약사는 세계 어디든 전달할 수 있는 일관된 메시지와 브랜드를 개발하는 데 많은 시간과 비용을 투자한다. 의약품은 점점 가전제품을 닮아간다. 물론 다른 점도 있다. 의료인들은 새로운 약을 계속 평가하고 있고, 사람들은 슈퍼마켓 계산대에서 화학 요법 의약품을 충동적으로 사지는 않는다. 그렇다고 해도 쏟아지는 광고에 영향을 받는다. 연간 3400만 달러를 팔던 알레르기 약물 셀덴은 광고를 한 뒤 8억 달러로 매출이 늘어났다. 광고 기획자들도 놀랄 정도였다. 셀덴은 일부 항생제나 항균제하고 병용 투여하면 심각한 심장 장애를 일으킨다고 알려지면서 시장에서 사라졌다.

요즘 사람들은 질병 정보를 어디서 많이 얻을까? 바로 제약사가 기획한 방송이나 광고다. 제약사는 어떤 의도로 정보를 제공할까? 사람들 건강을 염려해서? 소비자에게 영향력을 확대하고 싶기 때문이다. 그래서 소비자 직접 광고나 인터넷을 통해 직접 다가가려 한다. 그 결과 사람들은 폭넓은 홍보와 마케팅에 휘둘리며 기업이 제공하는 정보에 더욱더 의존하게 됐다.

컨설턴트인 캡 제미니에 따르면 1997년에 텔레비전이 27퍼센트이고 신문과 잡지가 62퍼센트이던 소비자 직접 광고 매체 비율은 2000년에 각각 64퍼센트와 30퍼센트로 바뀌었다. 심각한 부작용으로 시장에서 자진 철수한 진통제 바이옥스는 2000년 광고비가 펩시콜라 1억 2100만 달러나 버드와이저 1억 4600만 달러보다 많았다.

이런 엄청난 판촉 활동으로 10억 달러 넘는 매출액을 기록한 블록버스터 의약품이 탄생했다. 2001년 블록버스터 의약품이 29종 나타나 미국 제약 사업 매출의 34퍼센트를 차지했다. 이 약들이 블록버스터가 된 가장 큰 이유는 바로 광고다. 2000년 가장 광고를 많이 한 의약품 5종은 2001년에 모두 블록버스터가 됐다. 최고 매출을 올린 의약품 7종은 각각 광고비로 나이키 광고비인 7800만 달러보다 많이 지출했다. 어느 연구에 따르면 제약사가 판촉 활동에 1달러를 쓸 때 판매는 4.2달러 증가했다. 2022년 미국 아카데미 시상식은 글로벌 제약사들이 총출동한 마케팅 격전지였다. 2000만 명에 육박하는 시청자를 상대로 지출된 광고비는 30초당 10억 원으로 추정된다. 미국 제약사는 텔레비전 의약품 광고에 연간 약 8조 원을 쓴다고 한다.

미국에서 텔레비전 의약품 광고가 늘어난 때는 규정이 완화된 1997년이다. 유럽은 여전히 처방 약 직접 광고를 금지한다. 그러나 소비자에게 직접 다가갈 기회를 포기하지 않는 제약사들은 인터넷 사이트를 이용하고 있다. 영국에서도 파마시아가 요실금 환자들에게 질병 관련 캠페인을 했는데, 이 기업은 질병 관련 캠페인 분야에서 선도적인 제약사다. 질병 관련 캠페인은 또 다른 마케팅 전략이다. 시장을 확대하려면 질병 인지도를 높여야 하기 때문이다. 미국에서는 질병 인식 캠페인이 1997년 44개에서 2016년 401개로 늘어나는 사이 지출도 1억

7700만 달러에서 4억 3000만 달러로 증가했다. 제약사 노바티스로 직장을 옮긴 전직 청량음료 업계 임원은 두 업계가 무척 비슷하다는 인상을 받았다. "제품을 차별화하는 규칙이란 적당한 사람에게 적당한 미디어를 통해 적당한 메시지를 보내는 규칙을 말하는데, 두 업계가 정말 똑같다." 제품 차이는 좀더 복잡하지만 마케팅과 판매의 원칙은 같다. 베스트셀러 의약품이 펩시콜라나 코카콜라처럼 친숙해진 세상에 우리는 살고 있다.

광고비는 고스란히 의료비 상승으로

의약품 소비자 직접 광고를 반대하는 사람들은 소비자가 광고 내용을 판단할 전문성이 부족할뿐더러 위험에 관한 정보를 충분히 모를 가능성이 크고, 광고 때문에 의사와 환자의 관계가 망가지고, 의약품 오남용을 초래할 수 있다고 지적한다. 한 조사에 따르면 일반 시민 응답자의 43퍼센트는 의약품이 안전하니까 광고를 한다고, 22퍼센트는 부작용이 심각한 약이라면 광고가 금지된다고, 21퍼센트는 효과가 아주 좋은 약만 광고가 허용된다고 믿었다. 현실에서는 사전 규제가 전혀 없다.

실제 처방에 관한 연구 결과를 살펴봐도 광고를 접한 환자의 32퍼센트가 약에 관해 의사하고 이야기를 나눴고, 26퍼센트는 의사에게 그 상품을 요구한 적 있다고 답했다. 또 다른 연구에 따르면 1차 의료 기관을 방문한 환자 중 광고에서 본 의약품을 요구한 환자들의 71퍼센트가 그 의약품을 처방받고 10퍼센트는 다른 약물을 처방받았다. 또한 어느 우울증 모의 환자 실험 연구에 따르면 항우울제를 처방받을 만한 증상이 없는데도 환자들이 달라고 하면 특정 항우울제를 처방한 의사가 거의 절반이나 됐다.

한 조사에 따르면 의사의 84퍼센트가 의약품 광고에 부정적이었다. 의사들은 의약품 광고가 환자에게 편향된 정보를 전달하고, 의사의 전문성을 훼손하고, 의사와 환자 관계에 악영향을 끼칠지 모른다고 염려했다. 이를테면 혈압 강하제 광고를 본 환자는 혈압을 조절하는 유일한 방법이 약이라고 오해할 수 있다. 광고에서 본 약을 처방해달라는데 의사가 운동이 중요하다고 강조하면서 약을 처방하지 않으면 오히려 환자가 의사를 불신할 수도 있다. 또한 이런 의도적 수요 창출은 엄청난 의료비 지출 증가로 이어져 미국 가계 의료비가 상승하는 주요 원인이다.

고삐 풀린 의약품 광고

더 심각한 문제는 근거도 없는 의약품 과대광고다. 바이엘은 규칙적으로 아스피린을 먹으면 일반 성인의 심장 발작과 뇌졸중을 예방한다고 주장하는 시리즈 광고를 내보냈다. 미국 연방거래위원회는 그런 주장은 입증되지 않았으며, 일부 성인은 매일 아스피린을 복용하면 심각한 부작용을 겪을 수 있다고 지적했다. 바이엘은 연방거래위원회가 내린 명령에 따라 100만 달러를 들여 소비자 교육 캠페인을 시작해야 했다. 또한 광고에 '아스피린은 누구에게나 적합하지는 않기 때문에 복용하기 전에 꼭 의사하고 상담하라'는 문구를 넣어야 했다.

그러나 바이엘은 어린이가 아세틸살리실산이 들어간 해열 진통제인 아스피린을 복용하면 라이 증후군을 일으킬 수 있다는 경고에도 제3세계에 어린이용 아스피린을 포장해 계속 공급했다. 라이 증후군은 감기나 수두 등 바이러스에 감염된 어린이가 치료 말기에 갑자기 심한 구토와 혼수상태에 빠져 생명이 위험해지는 증상을 가리킨다. 어린이에게 사용을 제한하라는 경고를 독일 같은 선진국에서는 볼 수 있지만 개발도상국에서는 찾아볼 수 없다. '어린이용 아스피린' 판매가 항의에 부딪히자 바이엘은 1997년 7월 남아메리카 지역에서 아스피린을 어린이용으로 광고하지 않겠다고 약속했다. 그러나 1997년 10월 '어린이를 위한 아스피린'이라는 광고가 과테말라 신문 《쁘렌사 리브레》에 버젓이 실렸다.

전문 의약품은 통닭도 피자도 콜라도 아니다. 의약품 광고는 더욱더 규제해야 하고 감시를 강화해야 한다. 요즘에는 에스엔에스나 인플루언서를 이용해 암암리에 광고를 한다. 먼 나라 이야기가 결코 아니다.

새롭고 비싸면 좋은 약?

더 나을 일 없는 신제품

여기 10원짜리 물건이 있다. 그런데 어느 날 용도가 같은 500원짜리 신상품이 나왔다. 그리고 불티나게 팔렸다. 효과도 편리함도 별 차이가 없는데 왜 이런 일이 벌어졌을까? 일반적으로는 500원짜리 신상품은 10원짜리 기성 제품보다 효과가 50배 더 좋거나 더 편리하거나 덜 위험해야 한다. 그래야 시장에서 살아남기 때문이다. 그러나 두 제품은 별 차이가 없었다. 이런 시장이 있을까? 있다. 바로 의약품 시장이다.

혈전 예방에 쓰는 아스피린 프로텍트는 약값이 77원이다. 부작용을 줄인 제품이라고 주장하며 1997년에 등장한 플라빅스(클로피도그렐)는 2014원이었다. 상식적으로 가격 차이가 이렇다면 효과나 부작용 측면에서 20~30배는 차이가 나야 한다. 그러나 두 약은 별 차이가 없다. 그런데도 2009년 항혈전제 원외 처방 시장에서 플라빅스는 818억 원, 아스피린 프로텍트는 201억 원의 매출을 올렸다. 2021년에는 차이가 더 벌어져 플라빅스는 약 4500억 원, 아스피린은 약 400억 원의 매출을 기록했다.

플라빅스가 처음 시장에 나올 때 위장에 부작용이 없는 안전한 항혈전제로 알려졌다. 그래서 많은 의사가 위장에 예민한 아스피린 대신 플라빅스를 처방했다. 그러나 아스피린에 견줘 오히려 위궤양을 일으킬 위험이 크다는 연구 결과를 홍콩 프린스오브웨일스 병원의 프랜시스 챈 박사가 의학 전문지 《뉴잉글랜드 저널 오브 메디신》에 발표했다. 결국 2010년 2월 심뇌혈관 질환과 말초 동맥성 질환의 혈전 예방용 1차 치료 약물로 아스피린만 인정하기로 결정됐다.

가격은 수십 배, 효과는 물음표

혈압약도 예외가 아니다. 다이크로진은 약값이 10원이다. 노바스크 5밀리그램은 361원, 코자플러스에프는 639원이다. 가격이 40배, 60배 차이 난다고 해서 효과와 부작용도 그만큼 차이가 나지는 않는다. 그래서 유럽의 한 국가는 다이크로진을 기준으로 혈압약을 평가한다.

미국 국립건강관리연구소NIHCM에서 작성한 〈신약 개발 양상 변화〉 보고서는 기성 약을 조금씩 변형해 특허 기간을 늘리고 약값을 올려서 엄청난 이윤을 추구하는 다국적 제약사의 행태를 잘 보여준다. 이 보고서에 따르면 1989년부터 2000년까지 12년 동안 미국 식품의약국이 승인한 신약 1035개 중 35퍼센트만이 신물질을 바탕으로 만들어 그나마 신약이라 부를 만했다. 나머지 65퍼센트 674개는 이미 시장에 나와 있는 제품의 유효 성분을 용량이나 투여 경로를 변경하거나 다른 성분을 배합해 조금 변형한 제품이었다. 미국 식품의약국은 신약의 23퍼센트만 임상 측면에서 발전을 보여준다고 판단했다. 결국 새로운 활성 성분으로 임상 측면에서 중요한 발전을 보여준 신약은 1035개 중 15퍼센트에 지나지 않는 153개였다.

1990년대 말 많은 신약이 시장에 쏟아져 나오지만 대부분 혁신 없는 제품이었다. 그런데 1995~2000년 이런 신약들이 약제비 증가를 주도했다. 이 기간에 처방 약제비는 647억 달러에서 두 배가 넘는 1320억 달러로 증가했고, 증가액 중 440억 달러가 1995년에 승인된 신약 때문에 발생했다.

기성 제품을 변형한 신약으로 발생한 약제비 증가액은 293억 달러로 신약 증가분의 67퍼센트, 전체 증가율의 44퍼센트를 차지했다. 반면에 그나마 혁신적인 신약으로 발생한 증가분은 31퍼센트인 136억 달러였다. 그리고 약값도 기존 약보다 그저 그런 신약이 훨씬 더 비쌌다. 2000년에 기성 약들의 평균 처방 당 약값은 37.2달러, 그런데 무늬만 신약들은 81.92달러였다.

그저 그런 신약들

지난 몇 년간 법적이고 기술적인 규제 완화 조치가 이어지면서 제약사들은 무늬만 신약을 개발하고 생산을 확장하는 데 더욱더 열을 올리고 있다. 제약사들은 왜 그럴까?

제약사는 해마다 더 많은 이윤을 만들어내라는 투자사의 압박에 시달리고 있다. 1989년에 머크와 화이자는 신약 처방 판매에서 전년보다 10퍼센트 더 많은 매출을 올려야 했다. 2002년에는 개량 신약 판매액을 2001년에 견줘 10퍼센트를 더 늘려야 했다. 이 정도 성장률을 기록하려면 해마다 신약이 3~5개 정도 블록버스터가 돼야 했다. 예전에는 마땅한 치료법이 없던 질병에 맞는 치료제가 개발되면 블록버스터가 됐다. 그러나 지금은 신물질로 만든 신약으로 이런 목표를 채울 제약사는 별로 없다. 1990년부터 1999년까지 10년 동안 10개 넘는, 곧 1년에 1개 넘는 신물질을 바탕으로 만든 신약을 생산한 회사는 다섯 곳뿐이었다.

이미 안전성과 효능이 알려진 유효 물질을 조금 변형하는 방식이 신물질 개발보다 비용도 적게 들고 시간도 절약되며 실패 위험도 적다. 게다가 '코자플러스'처럼 유명 브랜드 약의 새로운 버전은 의사나 환자가 느끼는 친밀감 덕분에 제약사에 또 다른 이익을 준다. 그래서 제약사들은 매출을 올리기 위해 새로운 버전을 만드는 데 몰두한다. 지금 다국적 제약사들은 점점 더 블록버스터에 의지하는데, 과학 학술지 《네이처》에 따르면 2011년부터 2020년 10년 동안 초국적 제약사 20곳에서 개발한 신약 중 블록버스터는 약 20퍼센트에 지나지 않지만, 매출 비중은 70퍼센트라고 밝혔다.

판매액이 수백 억 달러에 이르는 의약품 특허권을 보유한 제약사들은 특허 기간 만료가 임박하면 경쟁 제품을 만들려는 제네릭 회사에 맞서 자사 제품에 관한 배타적 권리를 지키려 혈안이다. '제네릭 의약품'은 특허가 만료되거나 특허 보호가 없는 의약품을 통칭한다. 원래 생산된 약품의 특허 기간이 끝난 뒤 다른 제약사가 공개된 기술과 원료 등을 이용해 만든 약효와 품질이 똑같은 제품을 가리키는 말로, 복제 약이나 카피 약이라고도 한다.

약품을 개량하는 기술을 보유한 제약사들은 서방형 제제 기술이나 독특한 약물 전달 체계 기술을 보유한 특수 제약사들하고 손을 잡았다. 또한 1990년대 초 유효 성분을 함유한 혼합물 형태에서 유효 성분만 추출하는 기술도 개발했다. 이런 기술들을 활용해 기성 약을 조금씩 개량해서 마치 업그레이드한 컴퓨터를 내놓듯이 신제품을 출시한다.

악용되는 에버그리닝 전략

미국 식품의약국은 신물질을 개발하기보다는 기성 약품을 개량하는 쪽이 가끔은 더 안전하고 효과적이라는 사실을 인정하고 이런 개발을 촉진하는 제도를 도입했다. 그래서 기성 유효 성분을 이용한 새로운 제형으로 허가를 받게 됐다. 분자 혼합물에서 순수 물질을 추출한 약, 패치제 등 새로운 제형, 서방형 제제 등을 말한다.

기성 제품을 조금 개량한 약이 허가받게 되자 제약사는 자사 제품의 배타적 독점권에 관련한 지식 재산권을 보호하고 연장할 수 있는 두 가지 방법을 얻게 됐다. 하나는 개량 약의 여러 특성에 관한 제법 특허와 용도 특허 등 새로운 특허를 획득하는 일이고, 다른 하나는 시장에서 새로운 개량 약의 독점권을 3년간 획득하는 일이다.

제약사들은 제품을 조금씩 고치면서 폭넓은 특허를 확보하고 있다. 아주 사소한 특징인 비활성 성분, 정제의 모양과 색깔, 심지어 정제 위에 표시하는 글씨 문양까지 포함된다. 이런 특허들은 제네릭 제약사들의 의욕을 꺾어서 그런 회사들은 특허를 피하려 새로운 특징들을 에둘러 디자인한다. 그러나 브랜드 제약사는 해치-왁스만 법 조항을 이용해 매우 조심스럽게 디자인된 제네릭 제품에도 '30개월 지연 조항'을 들이대서 미국 식품의약국이 허가 신청 자체를 연기하게 만든다. 해치-왁스만 법은 값싼 제네릭 의약품 생산을 장려하기 위해 만든 법으로, 가장 먼저 제네릭 시장에 진입한 제약사에 이익을 주는 제도다. 그러나 허가-특허 연계 조항에 따라 브랜드 제약사를 보호하는 장치가 마련돼 있어 도리어 제네릭 제약사가 시장에 진입을 막는 데 악용된다.

제네릭 제품을 만들려면 미국 식품의약국뿐만 아니라 특허권 소유자에게도 알려야 한다. 특허권 소유자는 이 통지를 받은 뒤 45일 안에 특허 침해에 관해 제네릭 제약사에 소송을 제기할 수 있다. 소송은 해치-왁스만 법에 따라 30개월간 법적 지연을 적용할 수 있게 한다. 미국 식품의약국은 법정에서 특허가 무효하다거나 특허 침해가 없다거나 30개월 기간을 줄이거나 늘이는 등 결론이 나지 않으면 제네릭 제품을 승인할 수 없다. 이런 소송은 해결하는 시간이 몇 년 들기 때문에 '30개월 지연 조항'은 브랜드 제약사에 명백한 이익이다. 해치-왁스만 법으로 생긴 구조적 모순 때문에 제네릭 제품 승인 과정이 어려워지고, 브랜드 제약사들은 그저 그런 신약을 마구 생산하고 있다.

해치-왁스만 법에 따라 미국 식품의약국이 새로운 임상 연구를 거쳐 만든 브랜드 의약품의 개량 신약을 승인하면, 제약사는 승인일부터 3년 동안 그 제품의 '새로운 용도new use'에 관한 배타적 권리를 보유한다. 여기서 '새로운 용도'란 새로운 적응증뿐만 아니라 용량 변경, 투여 경로 변경, 새로운 혼합 제제 같은 변화도 포함된다. 3년 동안 경쟁 제네릭 기업들은 '새로운 용도'에 해당하는 제품을 시장에 내놓을 수 없다. 그래서 브랜드 제약사들은 같은 제품을 변형만 해도 오리지널 약의 특허가 끝난 뒤 10년 넘게 경쟁 제네릭 제품이 시장에 진입하지 못하게 막을 수 있다.

건약을 비롯한 시민단체들이 의료비를 낮추려고 값싼 제네릭 제품으로 브랜드 의약품을 대체하려 노력하지만, 무늬만 신약이고 비싸기만 하고 효과는 뚜렷하지 않은 제품들이 쏟아져 나오면서 제네릭 의약품 사용을 도리어 방해하고 있다. 얼마 전에는 제약사 아스트라제네카가 전립선암과 유방암 치료에 처방되는 졸라덱스의 독점권을 유지하기 위해서 제네릭 제품을 개발하던 제약사 알보젠에 생산과 출시를 하지 않는다는 조건으로 고액의 합의금을 지급한 일이 드러나기도 했다. 결국 건강보험과 환자들만 부담을 고스란히 떠안고 있는 꼴이다.

사라지는 약들

제약사의 이윤 논리에 밀려 사라지는 약

이발소, 양복점, 구멍가게, 동네 서점, 전파상. 누구나 흔히 볼 수 있던 곳이지만 점차 사라지더니 이제는 동네에서 찾아보기 힘든 추억의 장소가 됐다. 이런 일이 의약품 시장에서도 일어난다.

값싼 백내장 치료 안약인 카다린은 사라진 지 이미 오래다. 카다린이 단종된 이유는 아무리 찾아봐도 싼 약값 말고는 없다. 결핵약인 이소니아짓과 리팜피신, 포러스 안연고도 품절돼 장기간 공급되지 않은 적이 있었다.

의약품이 품절되는 이유를 몇몇 제약사에 물었다. 여러 가지 이유가 있겠지만 대부분 보험 약가가 원가에 미치지 못하기 때문이라고 했다. 그러면서 병원에서 꼭 필요하다고 얘기하기 때문에 어쩔 수 없이 밑지면서 생산한다고 말했다. 결국 약품 생산은 국민 건강보다 이윤에 달렸다. 이러다 보니 싸지만 꼭 필요한 약들이 하나둘 사라지고 있다.

수지타산이 맞지 않는다며 생산 중단된 일부 필수 의약품에 정부가 약가를 보전하고 있기는 하다. 그런데도 제약사들은 일부 품목들이 생산 과정에서 원가가 보전되지 않거나 원료 수입이 어렵다면서 속속 생산 중단 결정을 내리고 있다.

2011년 서울대병원이 환자 진료에 꼭 필요한 약물인데 생산이나 수입을 안 해 공급이 중단된 의약품 12종을 다시 공급해달라고 요청했다. 백혈병에 쓰이는 암시딜 주사를 비롯해 혈관 확장제 페르산친 당의정 등이다. 이 약이 꼭 필요한 환자들은 대체 품목이 없어서 치료에 많은 어려움을 겪었다. 그러나 제약사는 원가 보전도 안 되고 성부 지원도 없어서 생산을 중단할 수밖에 없다고 주장했고, 관계 당국인 보건복지부도 적정한 보험 약가를 통해 원가를 보전하려고 노력하고 있다고 하면서도 생산 문제는 강제로 개입할 수 없다고 했다.

이윤이 남지 않아 기업이 생산을 피하지만 결핵약 같은 필수 의약품이거나 값비싼 약을 대체하는 효과가 있어서 정부가 보조금을 주어 생산을 유지하는 의약품을 '퇴장 방지 의약품'이라고 한다. 그런데 제약사들이 퇴장 방지 의약품 생산을 중단하려는 움직임을 보이고 있다. 사라지는 약들이 더 많아진다는 뜻이다. 2011년 말 한국제약협회가 31개 제약사를 대상으로 조사한 결과 30개 회사가 급여 의약품 3747개 품목 중 18.3퍼센트인 687개 품목을 생산 중단하려 고려하는데, 여기에 퇴장 방지 의약품도 16.3퍼센트인 112개나 포함돼 있었다.

'퇴장방지의약품 지정관리 제도'는 2005년에 도입됐다. 원가 압박 탓에 제약사가 생산을 기피해 임상 진료에 지장을 줄 염려가 있거나 다른 약제보다 싸서 값비싼 약제를 대체할 수 있는 필수 의약품이 시장에서 퇴출되지 않게 하려는 제도다. 제약사가 퇴장 방지 의약품의 원가 자료를 제출하면 산출 방식에 따라 원가를 계산한 뒤 손실을 보전하고, 이런 의약품을 사용하는 병의원에도 의약품 가격의 10퍼센트를 장려금으로 지급한다.

이 제도만으로는 역부족이다. 퇴장 방지 의약품을 선정하고 관리하는 부처가 보건복지부, 식품의약품안전처, 건강보험심사평가원 등으로 분산되어 있어 제약사가 생산을 중단하거나 퇴장시켜도 이런 사실이 제대로 공유되지 않는 사례가 종종 벌어진다. 또한 필수 의약품이 퇴출되더라도 정부는 대처할 방법이 딱히 없고, 혼선까지 겹쳐 환자의 건강과 생명을 위협한다.

공공 제약사가 필요한 이유

이윤이 낮아 생산할 수 없다면 대안이 있어야 한다. 버스, 지하철, 기차, 전력, 수도, 가스처럼 의약품도 공공재 성격이 강하다. 그래서 의약품에 공공재 개념을 도입하자는 주장이 나왔다. 공공 제약사가 필요하다는 말이다.

신종 플루가 유행할 때 유일한 의약품인 타미플루와 예방 백신은 한 다국적 제약사가 독점한 탓에 공급이 원활하지 않았다. 그리고 후쿠시마 원전이 폭발해 방사능이 누출되면서 요오드제 품귀 사태가 벌어졌다. 언제 쓸지도 모를 요오드제를 생산할 제약사가 없기 때문이었다. 공공 제약사면 빨리 해결할 수 있는 문제들이었다.

약값 협상을 할 때도 공공 제약사가 필요하다. 일부 다국적 제약사들은 공급 가격이 마음에 들지 않는다는 이유로 의약품 공급을 종종 거부한다. 그러면 울며 겨자 먹기로 제약사가 하는 요구를 들어줄 수밖에 없는데, 의료보험 재정 적자의 주요한 요인이다. 국영 제약사가 있는 태국은 다르다. 강제실시권을 발동해 에이즈 치료제인 애보트의 칼레트라를 반값에 공급받는다.

무시되는 질병에도 치료약은 필요하다

수면병은 아프리카에서 많이 발생하는 중병이지만 디플루오로메틸오르니틴^{DFMO}으로 치료할 수 있다. 이 약을 처음 개발한 다국적 제약사는 아프리카에서 철수하고 유럽으로 가서 제모 크림으로 용도와 형태를 바꿔서 팔았다. 약을 살 능력이 있는 사람이 많지 않아서 수익이 나지 않은 탓이었다. 이윤과 수익 때문에 무시되는 질병은 꽤 많고, 이런 질병을 치료하는 약들은 거의 없다. 이런 질병을 소외 질환이라고 부른다. 소외 질환 치료제를 개발해 생산하고 기초 의약품 부족에 허덕이는 저소득 국가에 의약품을 공급하는 일은 국제적 연대와 협력에 기여할 수 있다.

시민의 건강과 생명을 지키는 일은 국가의 가장 기본적인 임무다. 꼭 필요한 약인데 갑자기 제약사가 생산을 중단해 환자도 의사도 약사도 곤란해지는 일이 비일비재하다. 상황이 이렇다면 국가가 나서야 한다. 이제는 한국 사회도 공공 제약사를 진지하게 고민할 때다.

좋은 약 좀 소개해주세요

의약품 특허와 환자들

자주 듣는 말이 있다. '약사들은 웬만해서는 약 안 먹는다면서요?' 같은 질문이나 '좋은 약 좀 있으면 소개해주세요' 같은 부탁이다. 앞의 질문은 마치 안과 의사는 렌즈도 안 끼고 라식 수술도 안 하고 안경만 낀다는 얘기하고 비슷하다. 약이나 의료 서비스에 내재된 위험에 관한 불안과 의료인을 향한 불신이 뒤섞인 표현이다. 좋은 약 좀 소개해달라는 부탁은 약과 의료 서비스를 선택하려면 전문 의료인에게 기댈 수밖에 없는 현실을 반영한다. 여기에서는 이런 부탁에 집중하려 한다. 그리고 앞의 질문에 관한 답은 이렇다. "약사(사람)마다 다르다."

'좋은 약 있으면 좀 소개해주세요'는 부탁에서 '좋다'는 말은 '고급스럽고 화려하다'는 말하고 의미가 다르다. 약이 좋다는 말은 내가 앓는 질병에 '잘 맞고 꼭 필요한'이라는 의미가 훨씬 강하다. 약국을 하면서 '한방에 딱 떨어지는 약'도 자주 듣는데, 이 말도 좋은 약의 기준 중 하나다. 효과가 빠르고 내 병에 꼭 필요한 약이 사람들이 느끼는 좋은 약이다.

많은 국가가 좋은 약을 개발하도록 촉진하려고 개발자에게 특허라는 보상을 준다. 특허는 효과가 뛰어나거나 부작용을 획기적으로 개선하는 등 좋은 약을 만든 개발자에게 보상을 줘 그 기술을 여러 사람이 사용하게 하는 제도다. 특허 제도의 시작은 15세기로 거슬러 올라간다. 이 시대에는 도제 교육으로 기술을 전수했는데, 죽기 전까지 비법을 공개하지 않는 장인이 많았다. 그런 식으로 사장되는 기술이 흔해 장인이 생전에 비법을 공개하게 하는 대신 기술 독점권을 주면서 특허가 시작됐다.

좋은 기술을 '널리 사용'하고 '지식을 공유'하려 도입한 특허는 독점과 높은 이득을 보장하는 제도로 변질됐다. 특허권자는 다른 사람이 자기 동의 없이 특허를 이용해 수익을 내지 못하게 하는 권리를 가진다. 특허에 따른 독점 체계는 치료라는 의약품 생산의 궁극적 목적을 이윤 창출로 변화시켰다.

독점되는 필수 의약품

특히 암을 비롯한 희귀 난치성 질환으로 고통받는 환자들에게 '좋은 약'은 의미가 남다르다. 인터넷이 발달하면서 환자들은 신약을 기다리기만 하지 않고 정보를 적극적으로 알아내 공유하면서 개발을 간접적으로 지원한다. 2003년 만성 골수성 백혈병 환자들은 미국에서 글리벡이라는 약이 개발돼 식품의약국 승인을 거친 사실을 알고 이 약이 빨리 한국에 들어오기를 오매불망 기다렸다. 그동안 만성 골수성 백혈병 환자들이 품은 희망은 자기에게 맞는 골수 기증자를 찾아야 받을 수 있는 이식 수술뿐이었다. 그나마도 격렬한 거부 반응에 맞서 싸워야 하고, 안정되더라도 평생 면역 억제제를 복용해야 하기 때문에 수술 없이 생명을 연장할 수 있는 약으로 알려진 글리벡은 그야말로 좋은 약이었다. 그런데 글리벡에는 특허가 있었다.

글리벡을 생산하고 공급하는 모든 과정은 당연히 독점이었고, 노바티스는 한국 시장에 들어오면서 한 달 약값으로 300~600만 원을 내라고 요구했다. 국민건강보험공단과 환자들은 제약사에 글리벡 가격을 낮춰 달라고 요청했다. 그러자 제약사는 약 공급을 하지 않겠다고 했다. 제약사가 공급을 거부하면 특허 때문에 약을 구할 방법이 없다. 우리는 흔히 특허로 일확천금을 얻은 사람들을 부러워하고 동경하지만, 그런 특허가 사람들을 죽음으로 내모는 결과를 가져올 수도 있다는 사실을 많이 간과한다.

특허는 좋은 약을 개발하는 수단?

대개 의약품은 한 물질로 만들기 때문에 많은 부품으로 구성된 다른 상품하고 성격이 다르다. 한 기능을 가진 제품을 한 기업이 완전히 독점하는 일이 다른 분야에서는 가능하지 않다. 약은 자동차나 냉장고, 컴퓨터, 전화기 등 생활에 필요한 다른 물건들하고 다르게 대체품이 없다. 삼성전자 냉장고가 너무 비싸면 엘지전자 냉장고를 사면 된다. 그러나 약은 그럴 수 없다. 특허가 해당 제품의 독점권을 의미하기 때문에 의약품에 특허를 허용하면 그 물질 자체에 독점을 보장하게 된다.

치료는 여러 사람의 가치관이 상호 작용하는 과정이다. 다시 말해 시장에서 독점적 지위를 지키는 일이 유리하면 비싼 가격으로 많이 팔아야 한다고 생각하는 제약사가 있고, 거기에 동의하든 안 하든 의약품 개발과 판매를 해야 하는 제약사 직원들이 있다. 약에 보수적으로 조심성 있게 접근하고 결정하는 의사가 있지만, 신약을 더 좋아하는 의사도 있다. 그리고 건강보험 재정을 낭비하면 안 될 책임을 진 국민건강보험공단도 있다. 각자가 중시하는 가치들이 충돌하고 화해하며 타협하는 장 속에서 환자들에게 가장 중요한 사실은 '좋은 약'에 '접근'할 수 있느냐다. 의약품 특허를 존중받으려면 특허 의약품을 보유한 제약사들이 이런 다양한 가치들하고 타협해야 한다. 특허가 이런 게임의 규칙까지 무시해도 좋다는 보장은 아니기 때문이다.

그렇다면 우리에게 남은 숙제란 다양한 가치가 공존하는 세상에서 무엇을 가장 먼저 염두에 둬야 하는지, 그리고 가치를 지키려는 규칙은 누가 어떻게 만들고 감시해야 하는지 묻는 질문에 답하는 일이다. 쉽지 않지만 함께 이야기하고 고민해야 한다. 특허 제도가 본래 취지를 상실한다면 더는 가치가 없다는 점을 잊지 말아야 한다.

의약품은 인권이다

모든 사람은 행복하게 살 권리가 있다

행복한 삶이란 사람이 사람답게 산다는 의미다. 그렇게 되고 싶어 사람들은 적절한 노동을 해서 먹을거리를 구하고 바깥세상에 도사린 위협에 맞서 자기와 가족을 지킬 집을 마련한다. 더 나은 삶을 살고 싶어 훈련과 교육을 받고, 세금을 납부해 자기가 속한 사회를 유지한다. 무엇보다 행복하게 살려면 건강을 지킬 수단을 확보하고 있어야 한다.

돈이 많든 적든, 권력이 크든 작든, 사람들이 가장 중요하게 여기는 가치는 건강이다. 백화점과 대형마트 유기농 매장은 늘 북적거리고, 홈쇼핑 효자 상품으로 떠오른 건강식품과 의료 기기가 없는 집은 찾아보기 어려울 지경이다. 돈과 시간, 의지를 제법 투자해야 다닐 수 있는 피트니스 센터도 도심 곳곳에 눈에 띈다. 건강하지 못한 주거 공간으로 여겨지는 아파트조차 '건강'과 '친환경'을 내세우는 나라가 지금 대한민국이다. 뉴스에서 고정 시간을 배정해 건강이나 의료 정보를 제공한 지도 오래 됐다. 신문에는 건강에 도움되는 운동, 건강하게 생활하는 법, 건강하게 먹는 법 등 건강 관련 기사가 늘 실린다. 공원과 산책로는 운동하는 사람들로 가득하다.

의약품의 양면성 — 약이자 독, 상품이자 공공재

의약품은 병을 치료하는 데 사용하는 특정한 물질이다. 잘 사용하면 기대한 대로 가장 좋은 효과를 얻지만 잘못 사용하면 오히려 해를 입을 수 있다. 이런 점은 의약품이 지닌 물리적 특성이다.

의약품이 지닌 사회적 특성은 상품이자 공공재라는 점이다. 일반적으로 의약품은 상품으로 취급된다. 잘만하면 떼돈을 벌 수 있는 상품이다. 지난 20년간 정부가 신약 개발을 하는 제약사를 지원하고 주식시장에서 바이오 기업들이 관심을 받는 이유는 의약품이 특허를 받으면 블록버스터로서 상품성을 지니기 때문이다. 물론 신약 개발국이나 제약 선진국이라는 명분에 집착하는 경향도 있다.

의약품은 병을 치료하는 수단으로 등장했다. 지금도 겉으로는 그런 명분을 강조하지만, 이제는 막대한 이윤을 얻을 가능성을 지닌 상품으로서 더 많은 가치를 부여받는다. 실제로 필수 의약품이지만 보험 약가가 너무 낮아 이윤이 별로 남지 않는 의약품이 공급되지 않아 정부가 일정한 지원을 하는 조건으로 생산이 유지되기도 한다. 이윤을 추구해야 하는 제약사들은 '국민 건강을 위해 필요한가'가 아니라 '얼마나 이윤을 남길 수 있는가'를 기준으로 의약품 생산 여부를 판단한다. 약값을 정하는 기준도 '환자가 접근할 수 있는 가격인가'가 아니라 '기업이 최대한의 이윤을 낼 수 있는 가격이 얼마인가'다. 의약품을 최종 투약하거나 판매하는 약국도 상황이 별반 다르지 않다. 개발 단계부터 생산, 유통, 최종 투약 판매 단계까지 의약품은 상품으로서 존재하고 이윤의 크기에 따라 가치를 부여받는다.

의약품은 상품이다. 그렇지만 일반적인 상품이 아니다. 의약품이 다른 상품하고 가장 크게 다른 점은 생명에 밀접히 관련된다는 사실이다. 의약품의 본래 기능은 병 치료와 건강 지키기다. 이윤 창출에 앞서는 근본적인 성격이고 기능이다. 의약품이 질병 치유와 생명 연장 같은 본래 기능을 온전하게 나타내는 순간은 환자가 이 의약품을 사용하는 때다. 우리가 의약품에 상품이라는 가치만이 아니라 공기, 물, 전기처럼 공공의 의미를 부여하려는 이유는 병에 걸린 사람에게 의약품이란 공기 같은 요소이기 때문이다.

백혈병 치료제 글리벡은 의약품에 포함된 두 가지 성격, 곧 이윤 추구와 생명 유지가 충돌하는 모습을 잘 보여준다. 글리벡 개발은 초기 단계에서 정부 지원을 받은 공공 프로젝트였다. 노바티스는 중간에 인수했고, 식품의약국이 이례적으로 빨리 허가를 내준 특혜가 분명했다. 그렇지만 가격 결정 과정에서 이런 사실들은 무시되거나 세심하게 고려되지 않았다.

의약품이 지닌 상품적 성격과 공공적 성격은 현실 세계에서 늘 충돌한다. 제약 산업을 세계적 수준으로 성장시키려면 정당한 가격을 보장해야 하고 정부가 억지로 통제하면 안 된다는 주장과 건강보험 재정 안정과 환자들의 의약품 접근성을 높이려면 의약품 가격을 더 낮춰야 한다는 주장은 20년 넘게 충돌했다. 신약 가격을 낮춰 더 많은 환자가 이용하게 해야 한다는 주장과 신약 가격을 낮추면 신약 개발이 늦어져 오히려 환자들에게 해를 끼친다는 주장도 마찬가지다.

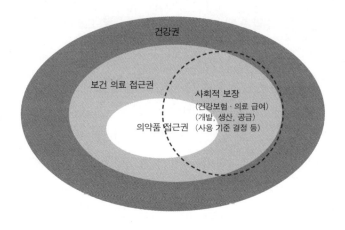

의약품에 얽힌 양면적 권리 — 접근권 대 특허권

사회적으로 부여된 의약품의 두 가지 성격 때문에 의약품에는 두 가지 권리가 공존한다. 하나는 의약품 접근권이고, 다른 하나는 특허권(지식 재산권)이다. 특허권은 한-미 자유무역협정 덕분에 널리 알려지고 스마트폰을 둘러싼 애플과 삼성의 특허 전쟁처럼 다른 상품에서도 흔히 나타나기 때문에 익숙하지만, 의약품 접근권은 생명에 밀접하게 연관된 의약품의 중요성에 견줘 널리 알려진 개념은 아니다.

의약품 접근권은 〈경제적, 사회적, 문화적 권리에 관한 국제 조약〉 12조에서 '모든 사람이 가능한 최고 수준의 신체적, 정신적 건강을 누릴 권리를 가진 것을 인정한다'고 규정한 건강권의 한 부분이다. 또한 〈세계 인권 선언〉 25조는 '모든 사람은 의식주, 의료, 필요한 사회복지를 포함해 자신과 가족의 건강과 안녕에 적합한 생활 수준을 누릴 권리와 실업, 질병, 장애, 배우자 사망, 노령 또는 불가항력의 상황에 따른 생계 결핍의 경우에 보장받을 권리가 있다'고 선언하고 있다.

의약품 접근권은 생명에 관한 권리

의약품 접근권이 처음부터 건강권의 주요 요소는 아니었다. 국제적으로 의약품 접근권을 중요하게 다루기 시작한 시기는 에이즈가 아프리카 등 저개발 국가의 가난한 계층에 널리 퍼지지만 에이즈 치료제는 가난에 허덕이는 사람들이 도저히 접근할 수 없는 높은 가격으로 공급되는 현실이 적나라하게 드러난 때다.

이런 상황을 반영해 2000년 5월 유엔 경제·사회·문화적 권리위원회는 일반 논평 제14호를 통해 〈경제적, 사회적, 문화적 권리에 관한 국제 조약〉 12조의 의료 서비스에 세계보건기구가 발표한 필수 의약품 공급을 포함한다'고 확인했다.

2002년 세계보건기구 필수 의약품 기준에 커다란 변화가 나타났다. 그동안 세계보건기구는 가난한 사람도 살 수 있을 만큼 낮은 가격을 목록 선정의 중요한 전제 조건으로 삼았지만, 2002년부터는 목록을 선정한 뒤에 다룰 문제로 삼았다. 이전에는 실명을 일으키는 전염성 결막염인 트라코마 치료에 효과 있는 아지트로마이신처럼 효과는 좋지만 비싸서 목록에 오르지 못한 의약품들, 특히 레트로바이러스 치료제 12개가 필수 의약품으로 선정됐다.

이렇게 건강권으로 설명하면 의약품 접근권이란 '사람들이 신체적, 정신적으로 가능한 최고 수준의 건강을 누릴 권리'를 충족하는 데 필요한 의약품을 이용할 수 있는 권리라 할 수 있다. 의약품 접근권은 건강권 측면에서 근거를 찾을 수 있지만, 생명에 관한 권리라는 측면에서도 근거를 발견할 수 있다. '의약품은 생명이다'는 표현이 웅변하듯, 의약품이 인간의 생명 연장과 유지, 질병 치료에 중요한 구실을 한다는 점에서 필요할 때 의약품을 적절하게 이용할 수 있는 조건은 생명을 유지하는 당연한 권리가 된다. 한국에서도 의약품 접근권은 중요한 과제다. 글리벡 가격 논쟁을 시작으로 10여 년 전 푸제온과 타미플루 강제 실시 논쟁, 자유무역협정을 둘러싼 특허 강화 논쟁, 코로나19 백신 특허 유예 논쟁까지 의약품 접근권을 둘러싼 논쟁은 점점 폭을 넓히고 있다.

또 다른 권리, 특허권

의약품 접근권을 다른 보건 의료 서비스에서 분리해 따로 다루는 이유는 의약품의 상품적 성격, 특허라는 지식 재산권하고 직접 충돌하기 때문이다. 특허권은 법적으로 보장받은 권리이며, 또한 강력한 이행 수단을 동반한다. 특허권은 효과나 가치가 아닌 기술적 요소로 결정되기 때문에 특허가 치료나 건강에 관련해 반드시 특별한 가치를 나타내지는 않는다. 따라서 특허권에 뒤따르는 독점과 높은 가격을 반드시 사회적으로 보상할 필요는 없다. 사회적 가치가 분명하지 않은 특허를 이유로 통상 압력을 행사하거나 자유무역협정을 매개로 높은 가격을 요구하거나, 글리벡이나 푸제온처럼 사회적 가치와 독점권을 근거로 높은 가격을 요구할 때, 모두 사회적 충돌이 일어날 수밖에 없다.

특허 제도는 오래전부터 있었지만, 지금처럼 커다란 영향력을 발휘하며 장기간 독점과 높은 이윤이라는 막대한 사회적 보상을 챙기기 시작한 지는 얼마 안 됐다. 1995년 출범한 세계무역기구와 전세계적으로 특허권자 권리를 강화하고 특허 보호 기간을 20년으로 통일한 무역 관련 지식 재산권 협정 덕분이다. 1987년 이전 한국의 특허 보호 기간은 12년이었으며, 미국도 무역 관련 지식 재산권 협정 발효 이전에는 특허 보호 기간이 17년이었다.

특허권 대 건강권

의약품이 생명 유지와 질병 치료에 밀접하게 연관된다는 점에서 의약품 접근권은 지식 재산권보다 앞서거나 최소한 동등한 자리를 차지해야 한다. 2005년 유엔은 '어떤 발명의 상업화가 생명권, 건강권, 사생활 보호 등 인간의 권리와 존엄성의 완전한 실현을 위태롭게 할 경우, 이런 발명을 특허 대상에서 제외하는 방법으로 인간의 권리와 존엄성에 반하는 과학적, 기술적 진보의 이용을 방지해야 한다'고 논평했다(유엔 경제·사회·문화적 권리위원회 일반 논평 제17호).

그러나 의약품 접근권이 지식 재산권(특허)보다 앞선다는 인식이나 선언이 현실을 반영하지는 않는다. 대표적으로 푸제온을 들 수 있다. 푸제온은 다국적 제약사 로슈가 판매하는 에이즈 치료제로, 기성 에이즈 치료제에 내성이 생긴 환자들이 사용하는 약이다. 2004년 2만 4996원으로 건강보험에 등재됐지만, 로슈는 보험가보다 턱없이 비싼 4만 3235원을 요구해 협상이 결렬됐다. 이 결정에 반발한 로슈가 2008년까지 4년 동안 한국 시판을 거부하면서 생명 유지를 위해 당장 약이 필요한 내성 환자들을 외면하고 말았다. 결국 환자와 시민단체들은 이윤보다 생명을 우선한다며 푸제온에 강제 실시를 허용해 달라고 요구했다.

2009년 6월 국가인권위원회는 환자와 시민단체들이 낸 푸제온 강제 실시 청구에 관한 의견서에서 이렇게 밝혔다. "푸제온의 강제 실시를 허용하는 것은 공공의 이익에 부합할 뿐만 아니라 국민의 건강권과 생명권 보호를 위한 국가 의무에도 부합한다. 설령 지식 재산권 보호와 생명권 및 건강권 보호 사이에 충돌이 있다고 해도 국가는 인권을 우선적 가치로 하여 존중하고 실현해야 할 의무가 있다." 그렇지만 바로 그날 특허청은 강제 실시 청구를 기각했다. 특허청은 공공의 이익을 위해 특히 필요한 사례에 해당한다고 보기 어렵다며 기각 이유를 밝혔다. 2002년 글리벡 강제 실시 청구를 기각한 사유하고 같다. 2010년 전 국민이 신종 인플루엔자 위험에 노출된 때도 보건복지부는 치료제인 타미플루 강제 실시를 검토하라는 국회의 요구를 끝까지 받아들이지 않았다. 도대체 무엇이 공공의 이익보다 우선할까?

의약품 접근권을 이야기할 때

건강권이 그렇듯이 보건 의료 접근권과 의약품 접근권도 이제 개념을 논의하고 구체적인 현실화 방안을 모색하는 단계에 접어들었다. 헌법 등 법률적 근거를 마련하는 과제가 가장 시급하지만, 그런 정도만으로 해결할 수 없는 많은 과제가 남아 있는 권리이기도 하다.

의약품 접근권은 국가가 운용할 수 있는 재정이나 자원의 한계 때문에 일정한 제한을 받을 수밖에 없다. 그러나 이런 한계를 인정하더라도 의약품 접근권 같은 사회적 권리에 관한 국가의 의무 이행을 최대치로 요구하는 일은 분명히 우리 사회가 추구할 지향점이다.

백신 불평등의 백신은 백신 공유

코로나19와 특허 유예 논쟁

2021년 초 인도에서 코로나19 델타 변이가 발생하면서 감염병 유행은 무섭게 확산했다. 하루 신규 확진자가 27만 명이나 발생하면서 4월 중순에 인도 사회는 완전히 멈췄다. 병원에서 치료를 기다리던 환자들이 산소마스크와 치료제가 부족해 사망했고, 시신을 화장하지 못한 채 모아둔 사진은 사람들을 충격에 빠트렸다. 사람들은 인도에서 코로나19가 대대적으로 확산한 주요한 이유 중 하나로 백신 불평등 문제를 짚었다. 아이러니하게도 인도는 세계 최대 규모의 백신 제조 시설을 갖춘 나라다. 그런데도 생산한 백신을 대부분 다른 나라로 수출해야만 했다. 그때 인도 사람들은 백신 접종률이 단 5퍼센트였다. 이미 40퍼센트 넘는 백신 접종률을 기록한 고소득 국가들이 원인 제공 당사자라며 비판이 이어졌다.

국제 구호단체와 시민사회에서 비판받던 미국 정부는 5월 초에 '예외적 상황을 위한 특별한 조치'로서 코로나19 백신 특허를 일시적으로 유예하자는 제안에 동의했다. 그렇지만 아쉽게도 논의가 빠르게 이어지지 못하고 1년 넘게 지난 2022년 6월 17일이 돼서야 세계무역기구는 코로나19 백신 특허 일시 유예를 결정한다.

이런 늦은 결정에 많은 사람이 의문을 품었다. 초국적 제약 기업의 절대적 재산권인 특허 독점권을 유예하자는 주장이 국제 사회의 합의를 거쳐 손쉽게 관철된 탓이었다. 이런 의문을 해소하려면 의약품 특허 제도의 '유연성' 항목에 주목해야 한다.

전지구화 물결에 맞선 압박과 의약품 특허

의약품은 사람의 생존에 깊게 관련된 제품이다. 개발 노하우를 공유하고 특정 기간 독점권을 인정하는 특허 제도를 의약품에 적용하면 기업이 생명을 담보로 장사를 하는 비윤리적 문제가 생길 수 있다. 그래서 많은 나라가 의약품 특허 제도를 도입하지 않았다. 그렇지만 국가 간 장벽이 낮아지고 전지구화 물결이 거세지면서 1995년 출범한 세계무역기구는 의약품에 특허 제도를 도입하게 했고, 많은 국가가 수용할 수밖에 없었다.

제약사들은 세계무역기구의 비호 아래 독점적으로 신약을 공급하기 시작했다. 그런데 1990년대 에이즈가 세계를 휩쓸면서 국가들마다 에이즈 치료제가 절실해졌다. 아프리카 국가들도 마찬가지였다. 그렇지만 의약품 특허 제도를 수용한 탓에 제약사들이 제시하는 독점적 가격을 수용할 수 없었다. 남아프리카공화국은 에이즈 확산처럼 공중 보건이 위기를 맞은 상황에서 의약품 특허를 제한할 수 있는 특별법을 도입하려 했다. 그런데 39개 초국적 제약사들은 남아공 정부가 세계무역기구 협정을 위반한다며 국제 소송을 제기했다. 남아공 정부와 제약사 간 소송은 전세계적인 대규모 저항 운동을 불러일으켰고, 제약사들은 소송을 취하할 수밖에 없었다.

제약사들이 에이즈 치료제로 벌어들인 막대한 이윤을 포기하자 연간 5000달러이던 약값이 100달러 수준으로 낮아졌고, 남아공은 덕분에 세계에서 가장 에이즈 치료를 받기 쉬운 나라가 됐다. 다행히 에이즈 사망자 비율이나 에이즈 신규 발병률도 많이 낮아졌다. 에이즈 치료제 독점은 완화됐고, 에이즈 치료제는 계속 개발됐으며, 에이즈는 죽을 병이라는 인식은 현저하게 낮아졌다.

신약 개발과 제약 산업 금융화

2013년에 길리어드사이언스에서 시형 간염 치료제 소발디를 출시했다. 소발디는 그동안 쓴 제품보다 효과가 훨씬 뛰어난 혁신적 치료제였다. 그렇지만 시장에 나오자마자 엄청난 논란과 반발을 겪었다. 높은 가격 때문이었다. 길리어드가 처음 제시한 가격은 1정당 100만 원이었다. 3달 동안 복용하려면 1억 원이 필요했다. 충격적인 비용 장벽 때문에 복용할 수 없게 된 많은 사람이 제약사를 비난했다. 세계보건기구 등 국제 사회도 길리어드가 드러낸 탐욕에 염려를 나타냈고, 국경없는 의사회는 특허권을 남용한다며 소송을 제기했다.

세계무역기구 협정에서 상대적으로 자유로운 인도에서 한 제약사가 소발디의 제네릭 의약품을 생산했는데, 판매가의 100분의 1 수준으로 가격이 떨어졌다. 그런데도 길리어드는 개발 단계에 사용한 인수 합병 비용이 크기 때문에 약값이 비쌀 수밖에 없다고 고집했다. 맞다. 길리어드는 소발디를 개발한 회사가 아니다.

소발디를 개발한 회사는 미국 공공 연구에서 출발한 에머리대학교 출신 과학자들이 독립해 차린 파마셋이라는 벤처 기업이다. 파마셋은 공공 재원에 의존한 작은 회사였고, 임상 마지막 단계를 앞두고 있었다. 의약품 개발에서 마지막 임상 시험은 비용에 따른 위험 부담이 크기 때문에 벤처 기업인 파마셋은 다른 방법을 모색했고, 마침 길리어드가 평가 가치보다 세 배 많은 110억 달러를 제시하자 회사를 통째로 팔아버렸다. 길리어드가 한 노력은 연구비가 아니라 개발 회사를 인수하면서 들인 돈을 말한다. 더 큰 돈으로 인수하면 가격을 더 높인다는 의미이기도 하다. 요즘 글로벌 제약사들이 혁신 신약을 개발하는 방식은 이렇게 헤지 펀드가 투자 이윤을 남기는 방식에 가깝다. 이런 무식한 투자가 통하는 이유는 제약사가 보유한 특허를 견제할 수단이 사실상 전혀 없기 때문이다. 결국 신약을 고가화로 만든 핵심은 특허 제도의 경직성과 공공 연구도 자유롭게 사고팔 수 있는 제약 산업의 금융화다.

특허 독점이 혁신을 불러온다는 믿음

의약품 특허로 독점권을 주는 방식은 출발부터 저소득 국가를 고려하지 않고 강압적으로 합의한 제도다. 혁신 창출보다 이윤 극대화의 수단으로 악용된다. 심지어 지난 20년간 독점권이 계속 강화됐지만, 강화된 독점권 탓에 혁신이 더 발생한 증거는 전혀 없다. 반대로 코로나19 팬데믹에서 특허가 혁신을 가져온다는 단선적 믿음을 의심할 만한 충분한 이유가 생겼다.

특허는 애초부터 모두 동의해 탄생한 제도도 아니고, 모든 상황에 정답이 되는 제도는 더더욱 아니다. 우리는 특허 독점이 혁신을 낳는 유일한 답은 아니라는 점을 이해하고 대안적으로 사고해야 한다. 이미 개발한 특허를 위탁하고 로열티만 받는 방식인 '특허풀patent pool' 제도나 건강 성과에 따른 보상을 제공하는 방식, 독점이 아닌 방식으로 혁신을 독려하는 '건강평가기금Health Impact Fund' 등 이미 여러 방법이 있다. 앞으로 특허가 지닌 폐단을 보완하는 다양한 방식들을 고민해야 하며, 코로나19 팬데믹을 계기로 이런 논의는 증폭될 듯하다.

4부

똑똑한
약 소비자
되는 법

올바른 의약품 정보 고르는 법

정보 홍수 속에서 옥석 가려야

'아는 것이 힘이다'는 말은 중요한 격언이다. 어떤 정보는 문제 해결법을 알려주고, 위로와 격려가 되고, 두려움을 해소하고, 때로는 경제적 이득을 준다. 건강과 생명에 관한 정보는 더 말할 필요가 없다. 책이나 신문, 방송에서 건강 정보를 주로 얻었지만, 지금은 모든 정보를 인터넷으로 공유하고 소통한다. 특히 스마트폰이 보급되면서 손쉽게 정보를 얻는다. 오히려 인스타그램이나 유튜브 등 넘쳐나는 정보의 홍수 속에서 올바른 의약 정보를 찾기는 전문가도 어려울 정도다.

그동안 의약 정보들이 너무 전문적이고 일방적이었다면, 인터넷 시대의 정보는 사용자가 관심 있는 분야를 직접 찾아보고 정보 제공자에게 실시간으로 질문할 수 있다. 인터넷은 우리를 수동적 소비자에서 능동적 사용자로 변화시켰다. 자기나 가족이 걸린 병을 진단하고 치료를 결정하는 과정에서 환자들이 누리는 자율성도 확대됐다. 전적으로 의료인에게 맡기기보다는 직접 정보를 찾고 여러 대안이 지닌 장단점을 비교해 결정한다. 그런 선택은 어떤 치료를 받을지 결정할 뿐 아니라 삶의 질에도 밀접하게 연관된다. 환자가 적극적으로 결정에 참여할수록 치료하면서 느끼는 만족도도 높아지고 치료 결과도 좋아진다.

그렇지만 내게 필요하고 적절한 정보가 무엇인지 판단하는 일은 그만큼 더 어려워졌다. 정보가 없어서 문제가 아니라 너무 많아서 판단하고 대처하기 힘든 사회가 됐다. 특히 비전문가가 인터넷에 올린 의료 정보는 더욱 주의해야 한다. 의료 정보를 대할 때 조심해야 할 여섯 가지 원칙을 알아보자.

영리 목적이 의심되는 정보는 믿지 마라

모든 정보 뒤에는 상업적 술책이 있을 수 있다. 최신 치료법을 소개하면서 의료 장비를 광고한다거나 그 장비를 들여놓은 병원을 소개하는 식이다. 검증되지 않은 민간요법이나 특정한 건강 보조 식품을 권유하는 일도 흔하다. 의약품이 화학 제품이라는 점을 강조하면서 자연 요법이 좋다며 특정 식품을 알려주는 정보도 의심해야 한다. 특정한 병원이나 의사가 추천하는 제품이라며 권위에 의존하는 제품에 속지 말자. 제품 판매에 도움이 되는 정보만 제공하고 도움 안 되는 정보는 일부러 노골적으로 배제하기도 한다. 겉에서 볼 때 객관적으로 보이는 정보 중에서 영리를 목적으로 하는 정보인지 구별하기 어려울 때 정보 제공자가 신뢰할 수 있는 기관인지를 살펴보면 좋다. 정부 기관이나 공공 기관, 의사협회, 약사회, 공인된 학회에서 제공된 정보라면 충분히 신뢰해도 된다. 그렇지 않은 정보라면 섣불리 판단하지 말아야 한다. 특히 가장 믿을 만한 정보라고 생각하기 쉬운 언론 보도는 신뢰도가 낮은 편이라는 점을 명심하자.

가장 최신 정보는 대부분 확증되지 않았다

텔레비전 등 미디어에서 최신 치료법이나 신약 관련 뉴스를 종종 볼 수 있다. 그렇지만 그런 정보는 아직 검증을 거치지 않은 것으로, 확실한 효과가 있는지 부작용은 무엇인지 충분히 확인하지 못한 단계일 가능성이 높다. 새로운 약이나 치료법으로 인정받으려면 몇 년에 걸쳐 다양한 검증을 통과해야 한다. 지금 뉴스에 나오는 신약은 신약이 아니라 신약으로 나올 가능성을 지닌 물질일 뿐이다. 때로는 신뢰할 수 없는 '소스'에서 나오는 정보가 미디어를 거쳐 확대되고 재생산돼 걷잡을 수 없는 진리처럼 유통되기도 한다. 외국에서 유행하는 대체 요법을 새로운 치료법으로 포장해 현혹하기도 한다. 최신 정보라고 할수록 더욱더 신중하게 따져야 한다.

우물 효과를 지닌 정보에 민감하게 반응하지 마라

우물 효과란 깊은 우물을 들여다볼 때처럼 어떤 이야기가 애매하면 애매할수록 듣는 사람이 그 속에서 자기를 더 많이 발견하게 되는 현상을 말한다. 가끔 머리가 아프다, 손발이 저릴 때가 있다, 쉽게 피곤하다 등 현대인이라면 누구나 겪을 수밖에 없는 증상이 커다란 질병의 전조 증상처럼 느껴지기 쉽다는 뜻이다.

신문이나 방송에 나오는 의약품 광고를 보고 나한테 필요한 약이라고 느끼는 이유는 누구나 일상에서 불편을 겪을 수 있는 증상에 초점을 맞춰 광고하기 때문이다. 이런 정보에 민감해지면 지나친 건강염려증 환자가 되기 쉽다. 건강한 사람도 스스로 환자로 진단하기도 한다. 만병통치약처럼 광고하는 제품은 이런 사람들을 공략하는 엉터리 약이라는 사실을 잊지 말자.

당신을 진료한 의사가 당신을 가장 잘 안다

의사와 약사도 모든 질병과 약에 관련된 정보를 알지는 못한다. 최신 치료법이나 신약 정보에 환자보다 더 둔감할 수도 있다. 환자는 자기가 걸린 병에 관심이 많으니까 특정 질병에 관련된 최신 정보를 의사보다 많이 알 수 있다. 의료인이 현실에서 벌어지는 모든 일을 다 알 수는 없지만 정보의 신뢰성과 유용성을 분석해서 환자가 잘 선택하게 도울 수는 있다. 그런 의미에서 당신의 단골 의사와 약사는 당신의 질병을 치료하는 최선책이 무엇인지 조언할 수 있는 최상의 사람이다. 인터넷에서 얻은 정보가 적절한지를 가장 잘 아는 사람은 실제로 당신을 진단한 의사다. 인터넷이나 미디어를 보기 전에 꼭 의사나 약사를 만나 상의하자.

개인적 치유 경험에 현혹되지 마라

한때 동물 구충제가 항암 효과가 있다고 해서 인터넷에 크게 화제가 된 적이 있다. 유명 연예인을 비롯해 몇몇 사람이 효과를 보고 있다는 사실이 알려지면서 시중에는 구충제가 바닥났다. 의사나 약사가 하는 말은 실감하기 어렵다면서도 특정 약이나 민간요법, 주술 행위, 교회 부흥회 같은 치료 경험담은 무조건 신뢰하는 사람들이 많다. 의사와 약사를 믿지 못하는 탓이라기보다 개인 치유 경험에 담긴 생생함에 더 큰

감흥과 호감을 느끼는 인간 심리 때문이다. 이런 심리를 이용해서 거짓 치유 경험을 만들어 엉터리 건강식품을 팔아 이윤을 취하는 업자들도 많다. 그렇지만 이런 정보와 치유 경험들은 일시적 현상일 뿐 대부분 효과가 없다. 치료 효과가 있다고 해서 들여다보면 다른 치료로 나온 결과를 착각한 경우가 많다. 구충제를 먹고 상태가 호전된 사례로 알려진 그 연예인도 결국 암을 이겨내지 못한 채 일찍 삶을 마감했고, 항암제로 동물 구충제를 찾는 광풍도 사라졌다. 다른 이가 말하는 치유 경험은 그 사람만이 한 경험일 뿐이라는 사실을 기억하자. 그리고 그 경험마저도 거짓이거나 과장이라고 일단 의심하자.

능동적 환자 참여는 치료율을 높일 수 있다

인터넷 정보에 관련된 재미난 조사 결과가 있다. 일반인의 87퍼센트가 인터넷 정보가 믿을 만하다고 응답한 반면 의사 등 전문가 집단은 9퍼센트만 그렇다고 답했다. 이 결과는 의사와 환자의 관계 변화를 나타낸다. 환자들이 인터넷이나 미디어에서 얻은 정보를 바탕으로 상담하면 의료인들 대부분은 '짜증 난다, 귀찮다, 당황스럽다, 골치가 아프다' 같은 반응을 보인다. 내용이 너무 황당해서 그럴 수도 있고 환자가 전문가보다 더 전문가처럼 굴어서 그럴 수도 있다. 이렇게 불편하게 대응하는 이유는 정보 제공자라는 우월한 자리에 환자가 도전한다고 느끼기 때문이다.

의사와 약사는 환자가 올바른 정보를 얻을 수 있게 도와야 한다. 환자가 정보를 찾아보는 행동은 능동적으로 치료에 참여하는 태도이고, 이런 참여는 치료율을 높일 수 있기 때문이다. 의사와 약사도 자기가 모르는 최신 의약 정보를 듣고 상담을 요청하는 환자들을 무조건 무시하지 말고 필요성과 적절성을 바탕으로 성실하게 조언해야 한다. 환자들도 인터넷과 미디어에 나오는 의약 정보로 자가 진단을 하면 절대 안된다. 질병과 치료 과정에 관한 이해를 바탕으로 능동적인 참여자가 될 수 있게 정보를 이용해야 한다.

일반적 상식하고 다르게 건강 문제는 흑백으로 명확히 나뉘지 않는다. 진단 치료는 방법이 아주 많다. 환자나 의료진의 가치관, 종교, 윤리 의식, 경제 형편, 생활 양식에 따라서 다양한 방법을 선택할 수 있다. 따라서 이런 정보들 사이에서 올바른 정보를 판단하는 일이 중요하다.

하루에도 수천, 수만 쪽의 새로운 의약 정보가 쏟아진다. 과학적으로 훈련된 보건 의료인도 해당 정보가 얼마나 신뢰할 수 있는지 판단하기가 힘들 정도다. 흔히 접하는 포털 사이트 검색 서비스도 올바른 정보 제공보다는 돈을 내는 쪽의 정보를 더 중요하게 여긴다는 사실도 기억하자. 신뢰할 수 있는 정보인지 판단하기가 갈수록 더 어려워진다. 이대로 방치하면 인터넷과 미디어는 건강하고 유익한 정보보다 영리가 목적인 정보로 넘쳐날지도 모른다. 정부는 신뢰할 수 있는 의료 정보 제공자 인증 제도를 도입해 의료 소비자들이 올바른 의료 정보를 선택하게 도와야 한다.

내 병을 아는 사람은 누구인가

나도 모르게 새어 나가는 건강 정보

대형 종합 병원 환자 대기석은 언제나 만원이다. 환자들은 진료실 앞 복도 좁다란 긴 의자에 조붓하게 앉아 있거나 마치 서울역 대합실 같은 대기실 의자에 앉아 기다린다. 병원은 진료 시간을 줄이려고 환자가 진료받는 동안 바로 다음 순번 환자를 진료실 안 의자에 대기시키기 일쑤다. 심지어 서너 명씩 기다리게 한다. 진료받는 환자와 진료실 안의 대기 환자 사이에 커튼이나 칸막이가 있으면 그나마 다행이다.

상황이 이렇다 보니 우리는 진료실에서 의사와 환자가 나누는 이야기가 지극히 개인적인 정보라는 사실을 거의 인식하지 못한다. 그러나 나를 아는 사람이 많이 있는 공간에서 이런 일이 일어나면 어떨까? 동네 슈퍼마켓 아저씨가 내가 이비인후과나 내과 또는 산부인과에서 받은 진단명을 알게 되면 어떨까? 매우 당혹스러운 상황이 될 수 있다. 자꾸 건망증이 심해지고 집중력이 떨어져 병원 검사를 받은 뒤에 치매 초기 증상이라는 진단을 받은 상황을 가정해보자. 나는 물론 가족도 이제 막 진단에 적응하려고 노력하는데 벌써 다른 사람이 그 사실을 알게 되는 사태를 말이다.

개인 건강 정보를 보호해야 한다

개인 정보란 이름, 주소, 전화번호, 자동차 번호, 병원 등록 번호 등 개인 인식이 가능한 정보를 말한다. 질병 정보는 누구의 정보인지를 식별할 수 있을 때 의미가 있다. 바로 이런 이유 때문에 모르는 사람에게는 자기 질병이 알려져도 별로 상관없지만 아는 사람에게는 그렇지 않다. 이런 정보가 많이 모인 곳은 어디일까? 당연히 병의원이다.

　요즘 병의원은 전산화된 진료 기록을 보관한다. 그런데 이렇게 편리한 형태로 보관된 정보는 유출 위험성이 크다는 문제가 있다. 진료 기록과 개인 정보에 쉽게 접근하지 못하게 하는 보호 조치가 반드시 필요하다. 2011년 제정된 개인정보보호법은 건강 정보와 여러 개인 정보를 수집하는 민간 기업이 늘고 있는 상황을 반영했다. 예전부터 있던 공공기관의 개인정보보호에 관한 법률을 폐지하고 공공 부문과 민간 부문에 동일하게 적용하는 개인 정보 보호 원칙을 세웠다.

　병의원끼리 질병 정보를 공유해야 한다는 주장이 있다. 환자 정보를 공유하지 못해 중복 검진이나 중복 치료를 한다는 이유를 내세운다. 병의원이 정보를 공유해 효율적인 검진과 치료를 하면 좋지만 정보 관리 주체 등 여러 문제가 발생할 위험도 크다.

　가장 방대한 환자 정보를 수집하고 보관하는 기관은 건강보험심사평가원과 국민건강보험공단이다. 건강보험공단은 의료 기관이 건강보험심사평가원에 제공하는 진료 정보와 건강보험 자격 정보를 수집하고 관리한다. 이런 정보는 현재 건강보험 재정 지출을 파악하고 분석할 뿐 아니라 향후 추이를 예측해 건강보험 재정 안정화 수단을 마련하는 데 중요한 기초 자료로 이용된다. 건강보험심사평가원은 홈페이지에서 건강보험 가입자의 진료 정보를 제공한다. 더불어 의료 기관이 적절한 치료를 하는지 알 수 있는 항생제 사용 지표에 이 정보를 이용하기도 한다. 이런 공적 기관이 보유한 대규모 자료가 유출되면 어떻게 될까? 실제로 그런 일이 있었다.

건강보험심사평가원이 2014년부터 2017년까지 3년간 8개 민간 보험사에 약 6400만 명의 진료 데이터를 팔아넘긴 일이 국정감사에서 폭로된 적 있다. 시민들이 분노하자 잠시 주춤하던 심평원은 2021년 7월 6개 민간 보험사가 공공 의료 데이터를 이용할 수 있게 승인했다.

개인정보보호법, 정보통신망법, 신용정보법은 2020년에 개정된 데이터 3법이다. 데이터 3법은 가명 처리한 개인 정보를 본인 동의 없이 활용할 수 있게 허용하는 법이다. 이 법 개정으로 신용카드 사용 내역, 언제 어디를 다녔는지 알 수 있는 핸드폰 위치 추적 정보, 내가 쓴 에스엔에스, 건강과 질병 정보 등을 기업에 넘겨주게 됐다. 상업적 목적일지라도 가명 정보는 본인 동의 없이 통계 작성, 연구, 공익적 기록 보존 목적에 활용할 수 있다. 이런 가명 정보는 개인 정보와 익명 정보의 중간 단계로 익명 정보하고 다르게 다른 정보하고 결합하면 개인이 식별될 위험이 많다.

데이터 3법이 개정되고 약 1년 뒤인 2021년 6월, 건강보험 같은 보건 의료 데이터를 개방해 의료 기술 혁신과 바이오헬스 산업을 육성한다는 내용을 담은 '보건 의료 데이터, 인공지능 혁신 전략'이 발표됐다.

이런 흐름에서 2021년 7월 건강보험심사평가원이 민간 보험사에 데이터를 또 넘겼다.

개인 정보를 확보하려는 기업의 욕망은 너무나 집요하다. 환자 치료와 신약 개발, 산업 혁신이라는 이름으로 개인 건강 정보를 쉽게 활용하는 길에 정부도 발 벗고 나서고 있다. 내 정보를 보호하기가 점점 힘들어지는 사회가 되고 있다.

건강 정보가 상업적으로 이용된다면?

민간 보험사는 자사 이익을 극대화하려고 환자 정보를 수집하려 한다. 건강과 질병 정보가 쌓이면 개인마다 질병 발생 위험을 계산할 수 있기 때문이다. 위험도가 높은 환자에게 비싼 보험료를 부과하거나 가입을 배제하려 한다.

민간 보험사는 환자의 의료 정보를 전자 형태로 받을 수 있는 법을 만들려 사력을 다한다. 고객이 보험금을 청구하기가 쉬워져서 손해가 늘어나는데도 그렇게 하는 이유는 건강과 질병 관련 데이터를 축적할 수 있기 때문이다. 2010년 보험 회사가 환자 대신 직접 의료 기관에 본인 부담금을 지급해서 보험 가입자의 불편을 해소한다는 내용을 담은 '민영 의료보험의 보험금 청구 및 지급에 관한 법률'이 발의됐다. 그다음 '보험업법 개정안'이나 '실손 보험 청구 전자·간소화 법안'처럼 의료 기관과 보험사 사이에 데이터를 연계하고 개방하려는 여러 법안이 발의됐다.

의료계와 시민단체가 반발하면서 이런 법안들은 오랫동안 시행되지 않았다. 환자 의료 정보를 영리적으로 활용하는 문제와 민감한 질병 정보가 유출돼 상상할 수 없는 피해가 발생할 수도 있기 때문이다. 보험금 청구가 간편해져서 보험 가입자가 미청구 보험금을 쉽게 받을 수 있다는 점에서 일부 소비자 단체는 찬성한다. 그렇지만 민간 보험사에 축적된 데이터를 기반으로 고위험군 환자는 가입을 거절하거나 보험료를 인상하는 등의 용도로 사용하거나, 환자가 모르는 상태에서 원하지 않는 정보가 넘어갈 위험도 크다. 그러나 2023년 10월 실손 보험 청구 절차를 간소화하는 보험업법 개정이 국회를 통과했다.

우리는 내 건강 정보가 어떻게 사용되고 어떻게 보호받을 수 있는지 고민해야 한다. 일시적 편의성뿐 아니라 장기적인 안전성 관점에서 말이다.

편의점 판매 의약품 안전하게 이용하는 법

더욱 가까워진 상비 의약품

보건복지부는 2012년 11월 15일부터 24시간 운영되는 편의점에서 해열 진통제, 감기약, 소화제 등 사용 경험과 안전성이 확보된 '안전 상비 의약품'을 팔 수 있게 허용했다. 안전이라는 말을 넣어도 안전하다고 보기 어려운 약품이라 상비 의약품이라고 해야 맞겠다. 야간이나 휴일에 갑자기 아플 때 의약품을 구하기 힘들다는 문제를 해결하려는 결정이었다.

품목이 제한적이라 해도 편의점에서 약을 살 수 있으면 아주 편리하다. 일단 비상시를 대비해 약을 사놓아야 하는 부담이 없다. 아이가 밤에 열이 날 때 해열제를 준비하지 못한 무심한 부모라는 타박을 들은 적 있는 사람들은 이해할 수 있다. 진통제나 감기약 하나 사려고 한밤중에 온 시내를 돌아다닌 적이 있거나 밤새 두통이나 치통을 참으며 약국 문이 열릴 때까지 기다려본 사람은 두 손 들어 환영할 일이다. 약사들이 아무리 반대하더라도 말이다.

편의점 판매가 허용된 상비 의약품 13종	
해열 진통제	타이레놀정 500mg, 8정 타이레놀정 160mg, 8정 어린이용 타이레놀정 80mg, 10정 어린이 타이레놀 현탁액, 100ml 어린이 부루펜시럽, 80ml
감기약	판콜에이 내복액 30ml×3병 판피린티정 3정
소화제	베아제정 3정 닥터베아제정 3정 훼스탈플러스정 6정
파스	제일쿨파프 4매 신신파스 아렉스 4매

보건복지부는 상비 의약품에 '안전'이라는 말을 붙였지만, 안타깝게도 세상에 100퍼센트 안전한 약은 없다. 부작용은 누구에게나 언제든지 발생할 수 있다. 당연히 현재 허용된 상비 의약품에도 부작용이 있다. 그러나 조금만 신경 써서 몇 가지 규칙만 지키면 크게 걱정하지 않아도 된다. 이 네 가지 규칙은 약국에서 사거나 조제를 한 약에도 그대로 적용해도 된다.

약 이름보다 성분 확인이 더 중요하다

한국은 성분이 똑같은 약이라도 회사마다 약 이름이 다르다. 따라서 이름은 달라도 성분은 같은 약이 많다. 이름이 다르다고 방심하면 병의원에서 받은 약이나 약국에서 산 약하고 성분이 똑같은 약을 편의점에서 살 수도 있다. 현재 허용된 상비 의약품만 봐도 그렇다. 해열제나 진통제로 쓰이는 타이레놀은 성분이 아세트아미노펜인데, 이 성분은 편의점에서 파는 감기약인 판콜에이 내복액, 판피린티정에도 들어 있다. 둘을 같이 복용하면 아세트아미노펜을 한 번에 정해진 양보다 많이 섭취하게 돼서 부작용이 생길 가능성이 커진다.

성분이 달라도 효능이나 효과가 같은 약은 피하라

편의점 판매 상비 의약품에 포함된 타이레놀과 부루펜 시럽은 모두 해열제와 진통제로 쓰인다. 성분이 다르더라도 해열 진통제를 동시에 복용하면 부작용이 나타날 가능성이 커진다. 약국에서 사거나 조제한 약도 편의점 상비 의약품하고 효과가 같을 수 있으니 주의해야 한다. 마찬가지로 아세트아미노펜이 들어 있는 판콜에이 내복액, 판피린티정과 부루펜 시럽을 같이 복용하는 일도 피해야 한다.

조금이라도 의심스럽다면 확인하고 또 확인하라

편의점에서 파는 약은 손님이 쉽게 접근할 수 있는 장소에 두기 때문에 포장이 훼손되거나 내용물이 변형되기 쉽다. 그런 제품을 사용하면 안 된다. 그리고 귀찮더라도 포장 안에 들어 있는 의약품 설명서를 잘 읽자. 의약품은 안전제일이 최고다. 만에 하나 부작용이 나타나면 부작용 신고 센터(1644-6223)에 곧바로 전화를 걸어 신고하자.

편의점에서 파는 약은 어디까지나 임시방편

편의점 상비 의약품을 써도 증상이 없어지지 않거나 오히려 심해진다면 가까운 의료 기관을 이용해야 한다.

끝으로 편의점 판매 약이 지닌 단점을 말해야겠다. 약국보다 비싸다. 웃돈 주고 편리함을 산다고 생각하면 마음은 편하다.

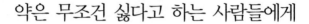

약은 무조건 싫다고 하는 사람들에게

케어와 큐어

"한번 먹기 시작하면 평생 먹어야 한다면서요? 중독 아닌가요?"

"먹어봐야 그때뿐이잖아요."

"진통제는 안 먹는 게 좋잖아요. 아프지만 참아볼게요."

"항생제는 내성만 생기잖아요. 빼고 주세요."

"원인을 치료하는 게 아니잖아요?"

"스테로이드는 부작용이 많잖아요. 살쪄서 싫어요."

약국에서 자주 듣는 말들이다. 왜 약을 거부할까?

약은 질병을 치료하는 여러 방법 중 하나다. 치료는 '다스릴 치治'와 '고칠 료療'다. 병을 다스리고 관리한다는 뜻과 병을 고친다는 뜻이 함께 있다. 영어에도 치료를 뜻하는 단어로 '케어care'와 '큐어cure'가 있다. '케어'와 '큐어'는 둘 다 약을 써서 얻는 효과다. 사람들은 치료해서 병이 '낫기'를 바란다. 여기서 우리는 헷갈리기 시작한다. 도대체 병이 낫는다는 말은 무슨 뜻일까?

'케어'는 돌보고 보살피고 관리한다는 뜻으로, 지금 앓고 있는 병 때문에 일상생활에서 겪는 불편을 최대한 줄이고 더 나빠지지 않게 하는 일이다. 혈압약이나 당뇨약처럼 완전히 낫게 하지는 못해도 병이 깊어지지 않고 일상생활을 잘 유지하도록 돕는 약이 '케어'를 하는 약이다. '큐어'는 치유하고 고친다는 뜻이다. 세균 감염에 처방되는 항생제나 무좀에 처방되는 항진균제 등이 '큐어'에 가까운 약이다.

약을 싫어하는 이유

약국에서는 약을 맹신하는 사람과 약이라면 무조건 고개를 절레절레 흔드는 사람을 만날 수 있다. 약을 맹신하는 사람은 잘못된 정보에 쉽게 혹한다. 광고에 나오는 잇몸 약만 먹으면 치과에 안 가도 된다고 믿기도 하고, 전문가보다 '○○에 가면 싹 낫는다'거나 '△△를 먹으면 좋다' 같은 입소문에 의지하기도 한다. 관절염 환자가 이 병원 저 병원을 돌며 특별한 비방을 처방받는다고 의기양양하다가 진통제라는 사실을 알고 실망하는 일도 많다. 약을 맹신하는 태도도 문제이지만 약이라면 무조건 거부감을 느끼는 것도 안타깝다. 약을 싫어하는 이유는 뭘까?

첫째, 부작용을 두려워하기 때문이다. 약은 특성에 따라 졸림이나 속 쓰림 같은 단순 부작용부터 발진과 호흡 곤란, 페니실린 쇼크 같은 심각한 부작용까지 나타날 수 있다. 약은 애초에 효과와 부작용을 다 지닌다. 약의 효과가 부작용의 위험성보다 더 크다고 판단할 때 의사는 약을 처방한다. 만약 약을 거부하는 이유가 부작용이라면 의사와 약사에게 두려운 마음을 털어놓고 복용해야 하는 약의 부작용을 최대한 줄일 수 있도록 함께 방안을 찾아야 한다.

둘째, 약의 관리 기능, 곧 '케어'를 약효로 인정하지 않기 때문이다. 대부분 체질이나 유전의 영향을 받는 고혈압, 당뇨, 아토피 등 만성 질환은 약을 사용해도 완치되는 사례가 드물다. 따라서 약을 사용하는 이유가 '큐어'가 아니라 '케어'이고 약을 먹으면서 삶의 질을 개선해야 한다는 사실을 이해해야 한다.

이를테면 아토피 치료의 목표는 완치가 아니라 질환을 최소화하는 데 있다. 피부를 긁어서 피가 나고, 가려워서 잠 못 자고, 음식을 가려 먹어서 키가 자라지 않는 고통을 겪는 아이들에게 스테로이드 연고를 적당히 사용하면 증상을 없애지는 못해도 조절할 수 있다. 나이에 맞는 정상적인 삶을 유지할 수 있게 '케어'하는 약의 효과 때문이다. 그러나 스테로이드 연고는 부작용을 최소화하고 효과를 최대로 얻으려면 사용법이 까다롭다. 게다가 사용을 중단하면 다시 아토피가 올라온다. 이런 특성 때문에 아토피 환자를 둔 가족들은 스테로이드 연고를 거부하고 자연 요법과 식이 요법만 고집하기도 한다. 적절하게 사용해서 삶의 질을 높일 수 있다면 약은 충분히 가치 있다.

가장 중요한 이유는 의사와 약사가 충분히 설명하지 않기 때문이다. 이를테면 진료한 의사가 하는 말이 '약 드릴게요. 좋아질 거예요' 뿐이고, 약사가 약을 건네며 하는 말이 '소염 진통제인데요, 하루 세 번 식후에 복용하세요' 뿐이면, 환자 마음속에 생기는 '고작 진통제구나?' 하는 불만을 막을 수 없다. 환자들은 일시적 증상 완화가 아니라 근본적 치료를 바라기 때문에 약을 거부한다.

만약 의사가 '진통제를 처방합니다. 이 약은 염증과 통증을 가라앉히는 효과가 있어서 너무 아파 일상생활이 힘들지 않도록 조절해줍니다'라고 설명하면 환자가 느낄 거부감은 충분히 줄어들 수 있다. 항생제를 처방할 때도 '지금 세균에 감염돼서 항생제를 처방했습니다. 내성을 막으려면 복용 기간을 꼭 지키세요'라고 말하면 환자가 임의로 약을 빼거나 줄여서 복용하지는 않는다.

진단명이 무엇이고 왜 이 약을 써야 하는지 타당한 설명을 듣지 못하면 당연히 약을 불신할 수밖에 없다. 약을 거부하거나 제대로 복용하지 않는 이유가 단순히 환자 탓은 아니다. 진단명과 증상이 무엇이고 어떤 이유로 언제까지 이 약을 써야 하는지 알려달라고 당당히 요구하자. 당연한 권리다.

더 쉬운 사용 설명서가 필요하다

복잡하고 어려운 약 사용 설명서

꽤 많은 사람이 깨알 같은 글씨와 어려운 용어에 질려서 설명서를 읽지 않거나 하루에 몇 번 얼마나 먹는지만 확인한다. 약을 오용하거나 남용하면 건강과 생명에 큰 위협이 되기 때문에 의약품 사용 설명서는 어떤 제품 설명서보다 중요하다. 그런데 설명서가 너무 어렵다.

우리는 텔레비전과 냉장고의 겉모습만 보고도 어디 쓰는 물건인지 바로 알 수 있다. 모양도 다르고 크기도 달라서 서로 혼동할 염려가 전혀 없기 때문이다. 그러나 의약품은 다르다. 약사도 알약 모양만 보고 어디에 쓰는 약인지 알기는 힘들다. 모양과 색깔이 같아도 완전히 다른 약일 때도 많다. 이렇게 곧바로 용도를 알 수 없는 만큼 포장과 설명서에 효과, 용법, 용량, 부작용을 명확히 적어야 하고, 사용하는 사람도 정확히 파악해야 한다.

그러나 한국에서 팔리는 의약품의 포장이나 사용 설명서를 보고 자기가 원하는 약인지, 효과와 부작용이 무엇인지 알기는 대단히 어렵다. 너무 작은 글씨로 빽빽하게 쓰여 있고, 어려운 한자어와 외계어 같은 전문 용어가 마구 섞여 있기 때문이다. '졸음'을 '기면', '탈장'을 '헤르니아'로 쓰는 식이다. 지금은 꽤 달라진 상황이지만 여전히 어렵다.

전자 제품 사용 설명서에는 사용자에게 필요한 제품 이용법만 나와 있지 제품 회로도나 수리 방법 등 전문 엔지니어가 읽어야 하는 내용은 없다. 소비자용과 전문가용 설명서가 따로 있기 때문이다. 그러나 의약품 설명서에는 소비자와 전문가에게 각각 필요한 내용이 섞여 있어서 너무 길고 전문 용어도 많이 나온다. 그래서 정작 사용자가 반드시 알아야 할 내용을 놓치기 쉽게 돼 있다. 의사나 약사도 의약품 설명서를 이해하기가 쉽지 않다.

여러 나라에서 의약품 포장의 표기와 사용 설명서를 이해하기 쉽게 만들려고 노력한다. 특히 안전에 관한 내용을 전문가와 환자들이 곧바로 인지할 수 있게 여러 제도를 도입하고 있다. 미국 식품의약국은 중대한 유해 반응, 특히 사망이나 중대한 손상을 주는 증상이 나타날 수 있는 의약품은 사용 설명서나 포장에 블랙박스 경고를 추가하게 했다. 그리고 필수 표시 사항인 약품의 주성분, 적용 증상, 질병을 나타내는 효능과 효과, 부작용, 사용상 주의 사항, 용법과 용량 등에 굵은 선을 그어 보기 쉽게 했다.

한국도 의약품 사용 설명서를 쉽게 만들려고 노력한다. '두경부'를 '머리와 목 부위', '저해제'를 '억제제', '호발'을 '자주 발생', '비측'을 '코쪽', '수반되는'을 '함께 따르는', '과잉 억제'를 '지나친 억제', '치은비후'를 '잇몸이 붓는 현상' 등 쉬운 용어로 바꾸고 있다. 아무리 사용 설명서를 의료 전문가와 환자들이 쉽게 알 수 있게 바꿔도 적절하게 이용하지 못하면 소용이 없다. 환자는 반드시 겉포장에 인쇄된 표시 사항과 사용 설명서를 주의 깊게 읽고 난 뒤에 복용해야 한다.

그리고 겉포장과 사용 설명서를 버리고 약만 보관하면 안 된다. 원래 포장에 약과 사용 설명서를 함께 넣어 보관하자. 또한 어린이 손에 닿는 곳을 피하고, 너무 뜨겁거나 습한 곳에 두지 말아야 한다. 설명서에 나와 있는 주의 사항을 반드시 지키고, 궁금한 점이 있으면 의사와 약사에게 꼭 물어야 한다.

사용 설명서 개선 조치의 핵심은 의사와 약사는 처방, 투약, 복약 지도를 개선하고, 환자들은 올바로 사용해서 치료 효과를 더 높이는 일이다. 국가 차원에서 보면 의료비를 효율적으로 운영하게 되는 시초이고, 제약사는 오남용으로 환자가 피해를 보는 사태를 방지하는 장치다. 비용이 더 든다고 난색을 보이기 전에 적은 비용으로 큰 이득을 본다는 생각으로 정부, 제약사, 의사, 약사가 더 이해하기 쉬운 사용 설명서를 만들기 위해 머리를 맞대야 한다. 약국을 하면서 느낀 점들 위주로 세 가지를 제안하고 싶다.

일반인용과 전문가용을 다르게 만들어야

약을 살 때는 약사에게 물어봐서 복용하지만, 복용이 끝나고 남은 약을 나중에 다시 사용할 때는 복용법을 알기가 어렵다. 포장 디자인에 집중하느라 용법과 용량은 아주 작은 글씨로 적은 뒤 자세한 내용은 사용 설명서를 참조하라고 써 있기 때문이다. 일반 의약품의 포장에 용도와 복용법을 큰 글씨로 눈에 잘 띄게 표시해야 한다. 낱알 포장에 멋을 내려고 세로나 사선으로 약 이름만 써넣기도 하는데 포장지뿐 아니

라 낱알에도 약 이름을 표시해야 한다. 주의해야 할 내용은 꼭 큰 글씨나 그림을 넣어 환자가 안전하게 복용하도록 해야 한다.

　의약품 특성상 전문가들이 알아야 하는 정보도 함께 제공해야 하기 때문에 일반인용과 전문가용을 따로 넣거나 칸을 분리해서 표기해야 한다. 약리 기전, 효능, 효과, 주의 사항 등을 일목요연하게 기술하지 않아서 의사와 약사가 비슷한 다른 약하고 비교하기가 쉽지 않기 때문이다. 각 표시 사항에 일정한 규격을 부여하면 정보를 쉽게 파악할 수 있다.

설명서 규격을 정하고, 반드시 표기해야 할 주요 사항을 지정해야

용지 크기도 제한해야 한다. 비용을 절감할 목적으로 포장도 없이 약용기만 출하되는 약이 있는데, 그런 약은 글씨가 너무 작아서 아예 없는 정도나 마찬가지다. 일반 의약품 표시 사항은 60세 이상인 사람도 읽을 수 있는 크기여야 한다. 포장에 그림을 그리거나 효능과 효과를 질병 이름이 아니라 증상으로 표시해서 자기에게 필요한 약인지 쉽게 알 수 있게 해야 한다. 이를테면 위염은 '위통, 속 쓰림', 관절염은 '관절의 통증, 관절 부위의 부기' 이렇게 표시해야 한다.

부작용 정보를 알기 쉽게 구체적으로 설명해야

부작용이 나타나는 빈도를 이해하기 쉽게 명시해야 한다. '매우 흔하게/매우 자주'라는 말은 10명 중 1명(10퍼센트) 이상이 부작용을 경험했다는 말이다. '흔하게/자주'는 100명 중 1~10명(1~10퍼센트), '흔하지 않게/때때로'는 1000명 중 1~10명(0.1~1퍼센트), '드물게'는 1만 명 중 1~10명(0.01~0.1퍼센트), '매우 드물게'는 1만 명 중 1명(0.01퍼센트) 이하라는 말이다. 그리고 '흔한, 매우 흔한' 부작용은 더 굵은 글씨로 표기해야 하고, 흔하지는 않지만 치명적인 부작용일 때도 굵은 글씨로 표기해야 한다.

1일 3회, 식후 30분?

식후 30분에 약 드세요?

"이 약은 밥 먹고 먹죠?"

"감기약은 꼭 식후에 먹나요?"

"자는 애 깨워서 약 줘도 되나요?"

환자가 약사에게 가장 많이 들어본 말은 '식후 30분에 드세요'다. 그래서 사람들은 약 먹을 때 밥을 아주 중요하게 생각한다. 그러나 약을 꼭 밥 먹고 나서 복용할 이유는 없다. 복용한 뒤에 속쓰림과 소화 불량 등이 생길 수 있어서, 또는 복용 시간을 잊지 말라고 그렇게 얘기한다. 제대로 먹지 못하던 시절, 화학 물질 합성품인 약에 적응하지 못하는 허약한 위를 달래려고 하던 복용법이 상식이 됐다. 실제로 약은 꼭 식후가 아니라 언제 어떻게 먹느냐가 중요하다. 약 제대로 먹는 법을 알아보자.

제대로 먹어야 약

위장 장애가 없다면 약을 식후에 먹지 않아도 된다. 시간을 고르게 나눠 복용하면 가장 좋다. 치료에 필요한 약물 농도를 유지해주기 때문이다. 하루에 세 번 먹는 약이라면 24시간을 셋으로 나누어 여덟 시간마다 복용하면 가장 좋은데, 그렇다고 일부러 자다가 깨서 복용할 필요는 없다. 활동하는 시간에 5~6시간 간격으로 먹으면 된다. 하루 두 번 먹는 약이면 아침 9시와 저녁 9시에 먹거나 열 시간마다 먹으면 된다. 그렇지만 복용한 뒤 속이 불편한 적이 있다면 식후에 복용하고, 복용할 때 물을 많이 마시면 좋다. 끼니를 걸렀다고 약도 건너뛸 필요는 없다.

그러나 밥에 밀접하게 관련된 약도 있다. 무좀약 중 이트라코나졸은 꼭 밥 먹고 바로 복용해야 효과가 있다. 독한 약이라 그렇다기보다는 지용성 음식을 같이 먹거나 위산이 많을 때 흡수가 잘 되기 때문이다. 당뇨약인 메트포르민도 금속성 맛을 덜 느끼고 위에서 불편함을 줄이려면 식후 바로 복용해야 좋다.

식전에 복용하는 약도 있다. 당뇨약 중 설포닐우레아 제제는 식전에 먹어야 식후 혈당이 오르지 않게 예방할 수 있다. 위장약 중 위산 분비를 줄이는 프로톤펌프 억제제는 최초 식사(대부분 아침 식사) 30분 전(최소한 15분 전)에 먹어야 효과가 있다. 갑상선 기능 저하증에 쓰이는 약도 식후에 먹으면 음식물이 흡수를 방해하기 때문에 식전에 먹어야 좋다.

복용 방법 따라 달라지는 약효

그 밖에도 복용 시 주의 사항이 있다. 첫째, 복용 시간에 따라 약효가

226

올라가는 약이 있다. 콜레스테롤 저하제 심바스타틴은 저녁에 복용하면 좋다. 콜레스테롤 합성이 밤에 많이 되기 때문에 밤에 먹어야 훨씬 효과적이다. 칼슘제도 그렇다. 칼슘 합성이 밤에 되기 때문에 효과가 좋고, 속이 불편한 증상도 덜 느낄 수 있다. 반대로 고혈압이나 부종을 빼기 위한 이뇨제는 아침에 복용하면 좋다. 우리 몸속 수분을 소변으로 빼내어 화장실을 자주 가게 만들어서 오후에 먹으면 잠을 푹 잘 수 없기 때문이다.

둘째, 함께 먹으면 안 되는 약들도 있다. '병용 금기'라고 하는데, 고지혈증약과 무좀약인 이트라코나졸이 그렇다. 두 약을 함께 먹으면 이트라코나졸이 고지혈증약의 대사를 억제해 혈중 농도를 높이고, 고지혈증약의 부작용인 괴사한 근육이 혈액으로 방출되는 횡문근 융해증이 생기기 때문이다. 만약 이 두 약을 먹어야 한다면 최소한 일주일이 넘는 간격을 두고 복용해야 한다.

셋째, 복용할 때 물을 한 컵 이상 마시면 좋다. 가끔 콜라나 주스, 커피와 함께 먹는데, 약효에 당연히 영향을 미친다. 장에서 녹기도 하지만, 약은 대부분 위에서 녹아 흡수된다. 위에서 분비되는 위산에 알약이나 캡슐이 녹아 몸에 흡수되게 만들어져 있다. 그런데 콜라나 주스하고 함께 먹으면 위의 산도가 달라져 약 흡수에 영향을 준다. 따라서 약효를 제대로 내려면 한 컵 이상 물을 마시며 복용해야 좋다.

예외도 있다. 철분제는 비타민 시하고 함께 복용하면 흡수가 더 잘되기 때문에 오렌지주스하고 복용하면 도움이 된다. 그러나 자몽 주스는 피해야 한다. 철분제뿐만 아니라 혈압약 등 많은 약이 자몽주스하고 함께 복용하면 간에서 잘 분해되지 않아 부작용 위험이 커지거나 반대로 간에서 너무 쉽게 대사돼 효과가 나지 않을 수 있다. 따라서 물로 복용하면 가장 안전하다.

그런데 왜 물을 한 컵 이상 마시라고 할까? 드라마를 보면 대부분 물 한 모금으로 복용한다. 그래도 될까? 십중팔구 속이 쓰리고 불편해진다. 알약이 제대로 위까지 가지 못한 채 식도에 들러붙어 식도에 자극을 주고, 그러다 보면 염증이 쉽게 생기고, 염증이 생기면 식도염 때문에 속이 불편해진다. 그래서 물을 한 컵 이상 마시라고 한다. 물을 충분히 마셔야 약이 식도를 지나 위까지 안전하게 도착해서 속도 편하고 약효도 잘 나타난다. 수면제 등 일부를 제외하면 복용하고 바로 누우면 약물이 역류해 식도염을 일으킬 수 있으니 주의해야 한다.

복용법이 궁금하면 주저하지 말고 약사에게 물어 답을 구하자. 그러면 부작용을 줄이고 약도 효과가 좋아진다.

노인이라 '약빨'이 세다고요?

고령 사회와 약

퇴행성 관절염으로 진통제를 자주 복용하는 할머니. "나는 약을 많이 먹어 한 알 가지고는 '약빨이 안 받아.'" 그러면서 진통제를 두 알 복용한다. 복약 지도가 무색해지는 순간이다. 약국에 오는 연세 좀 있는 분들은 대부분 이런 말을 한다. 언뜻 보면 맞는 말이지만 아주 위험한 일이 벌어질 수 있다. 그래서 약국에서는 노인 환자의 복약 지도와 상담에 주의를 많이 기울인다.

한국은 이미 고령 사회로 접어들어 노인 인구가 빠르게 늘고 있다. 유엔은 나이에 따라서 14세 이하를 유소년 인구, 15~64세를 생산 가능 인구, 65세 이상을 고령 인구로 분류한다. 이 분류를 기반으로 65세 인구가 7퍼센트 이상이면 고령화 사회, 14퍼센트 이상이면 고령 사회, 20퍼센트 이상이면 초고령 사회로 구분한다. 한국은 2000년에 65세 이상 노인 인구 비율이 전체 인구의 7퍼센트 이상을 차지하는 고령화 사회에 진입한 뒤 2018년에는 14퍼센트 이상을 넘어서서 고령 사회에

65세 이상 노인 진료비 추이		
년도	65세 이상(조 원)	전체(조 원)
2017	40.0(28.4%)	70.9
2018	40.8(31.9%)	78.1
2019	41.6(35.9%)	86.3
2020	37.7(43.4%)	86.8
2021	41.5(43.4%)	95.7

출처: 건강보험공단.

진입했다. 또한 2025년에는 초고령 사회에 진입한다고 예상한다.

초고령 사회와 치솟는 진료비

한국이 고령 사회에서 초고령 사회로 가는 데 예상되는 시간은 7년이다. 일본 10년, 미국 15년, 영국 50년에 견줘 세계적으로 찾아보기 힘들 정도로 빠르다. 빠르게 고령 사회로 변해서 사회적 해결책이 제대로 마련되지 못했다. 나이가 들면서 찾아오는 질병, 고독, 빈곤 등 노인 복지 대책이 미흡해 오이시디 국가 중 노인 자살률 1위, 노인 빈곤 1위라는 불명예를 얻게 됐다.

노인이 되면 신체 기능이 퇴화해 병원과 약국을 자주 이용할 수밖에 없다. 국민건강보험공단 자료에 따르면 65세 이상 노인 진료비는 1990년 2403억 원에서 2021년 41조 5000억 원으로 180배 이상 늘었다. 노인 진료비가 차지하는 비중도 8.2퍼센트에서 43.4퍼센트로 빠르게 증가했다. 노인들은 대부분 신체 기능이 나빠지다 보니 여러 가지 약을 동시에 먹는다. 고혈압, 당뇨, 골다공증, 퇴행성 관절염, 전립선 비대 같은 만성 질환과 퇴행성 질환이 많아 복용하는 약도 많다. 거기에 자식들이 부모의 건강을 염려해 사놓은 건강 기능 식품과 영양제까지 더하면 온종일 약을 달고 산다.

노인에게 안전하고 효과적인 약물 사용법

생리 기능 저하에 따른 약물 흡수 대사 문제와 여러 가지 약물 상호 작용 문제로 노인들은 젊은 사람보다 두세 배 정도 부작용 위험이 더 크다고 볼 수 있다. 노화에 따른 생리적 변화로 약물의 치료 효과와 독성 효과에 예민하기 때문이다. 약물 부작용을 예방하려면 노인 환자의 신체적 특징을 잘 알아본 뒤 안전하고 효과적으로 약물을 사용하도록 도와야 한다.

노년기에는 위장의 혈류량이 감소하고 위장 운동이 저하돼 약의 효과가 감소한다. 흡수된 약이 몸에 퍼지려면 여러 가지가 필요한데, 노인이라면 신체 수분량과 근육량은 감소하고 지방은 증가해 약물이 온몸에 퍼지는 정도가 달라진다. 또한 약의 주성분을 몸에서 받아들이는 수용체의 기능이 달라진다. 그래서 약을 먹어도 효과가 예전만큼 나지 않는다고 느껴 '약빨'이 잘 안 받는다고 여기게 되고, 어떤 때는 부작용이 더 많이 나타나기도 한다. 약물을 대사시켜 몸 밖으로 배출하는 간과 신장의 기능도 떨어진다. 노인의 나이를 고려해 약 용량을 조절해도 약효가 다르게 나타날 때도 있다. 약 성분을 받아들이는 수용체의 민감도가 달라져 효과가 다르게 나타난다.

노인들은 기억력이 떨어져서 약 먹는 일을 잊어버리기도 하고, 먹은 약을 또 먹기도 한다. 오랜 기간 복용으로 순응도도 떨어지고, 약이 지겨워 복용을 거부하기도 한다. 따라서 노인들에게는 사용 약의 수를 반드시 최소화해야 한다. 또한 반드시 낮은 복용량에서 시작해 서서히 늘려야 한다. 복용하고 불편한 점은 없는지 잘 살펴야 부작용을 예방할 수 있다. 적어도 3~6개월에 한 번은 복용하는 약을 점검해야 한다. 필요한 약과 필요 없는 약을 점검해 특별히 필요하지 않을 때는 중단하면 좋다. 또한 진료받을 때나 일반 의약품을 살 때 복용하는 약을 미리 알려야 한다. 언제든 상담할 수 있는 단골 병원이나 약국을 정해야 한다. 그렇지만 노인 환자가 스스로 약을 점검하면서 복용하기는 현실적으로 힘들다. 따라서 건강보험공단이나 정부 기관에서 여러 약을 한꺼번에 먹는 다제 약물 요법을 하는 노인들의 안전을 확보할 제도적 장치를 마련해야 한다.

요즘 자녀 없이 노부부만 지내거나 혼자 사는 노인이 많은데, 어떤 약을 어떻게 복용하고 있고 비경구용 약은 어떻게 사용하는지 자녀들이 확인해야 한다. 약국에서 기본적인 상담과 복약 지도는 하지만, 노인은 인지 능력이 떨어져 복용법이나 사용법을 잊어버리기 일쑤다. 큰 글씨로 잘 보이는 곳에 복용법을 붙여놓거나 복용 표시를 남기는 방법도 있다. 근본적으로 노인 환자가 편하게 약을 사용하게 하는 다양한 투약 보조 용품을 개발해야 한다.

의약품 쓰레기 잘 버리는 법

독이 되어 돌아오는 약

내가 사는 아파트는 일주일에 한 번 분리수거를 한다. 쌓아둔 플라스틱이며 공병, 신문 등을 분리하는 데 혹시 잘못 분류하는지 신경 쓰느라 진땀이 난다. 세계적으로 이렇게 분리수거를 열심히 하는 나라도 많지 않다. 그런데 의약품은 이야기가 다르다. 이렇게 철저히 분리수거하지 않는다. 복용하고 남은 약이나 오래된 약은 그냥 쓰레기통이나 싱크대, 변기에 버리기 일쑤다. 이렇게 버려도 문제가 없을까?

당연히 약을 아무 데나 버리면 토양과 수질이 오염된다. 생활 폐기물은 소각하거나 땅에 매립하는데, 폐의약품과 일반 쓰레기를 함께 매립하면 토양과 수질 오염으로 사람의 건강을 해치거나 동물 생태계에 악영향을 미친다. 함부로 버린 약은 독이 되어 돌아온다.

하천수에서 발견되는 의약품 성분

2016년부터 서울시가 매년 두 차례씩 취수장 다섯 곳을 검사해보니

물에서 항생제인 설파메톡사졸, 린코마이신, 간질 치료제인 카바마제핀 등 약물 12종이 검출됐다. 일부 약물은 정수 처리를 거친 뒤에도 없어지지 않았다. 정수 처리를 거친 수돗물과 제품화된 아리수에서는 약물 5종이 나왔다. 2022년 영국 요크 대학교 연구팀은 전세계 국가의 하천이 다양한 약물로 오염돼 있다는 보고서를 발표했는데, 한강의 약물 오염도는 상위권이었다. 해마다 하천수에서 의약품 성분이 발견되는데도 먹는 물 수질 기준 항목에는 아직도 의약품 성분별 허용 기준이 없다.

이런 문제는 왜 일어날까? 폐의약품 분리수거에 관한 인식이 낮은 탓도 있지만, 근본 원인은 수거 제도가 없기 때문이다. 그동안 약국을 중심으로 수거함이 설치되고 폐의약품을 모으는 캠페인이 실시되지만 수거율은 높지 않았다. 폐의약품 관리 방식이 지역별로 다르고 수거 체계에 일관성이 없어 시민들이 혼란을 겪고 있다. 그리고 가정에서 얼마나 많은 의약품이 버려지는지 보여주는 구체적인 통계도 없다. 2018년 건강보험심사평가원에서 실시한 설문 조사에 따르면 '의약품을 버릴 때 쓰레기통과 하수구, 변기에 버렸다'가 55.2퍼센트, '약국 또는 보건소에 가져갔다'가 8퍼센트다. 또한 '폐의약품 처리 방법을 알고 있다'가 25.9퍼센트로, 74.1퍼센트나 되는 사람들이 폐의약품 처리 방법을 잘 모르고 있었다.

폐의약품 안전하게 버리는 법

미국은 1990년대 후반부터 폐의약품 환경 오염 실태를 연구했다. 한국은 최근에야 폐의약품, 살충제, 세척제 등 생활계 유해 폐기물에 관심을 보이기 시작해 환경부에서 의약품 노출 실태와 건강 영향 조사를 추진하고 있는 상황이다.

한국은 의약품 검출 기준이 아직 명확하지 않고 환경 유해 성분에 관한 연구도 진행되지 않아서 정확한 실태 조사가 어렵다. 이런 문제에 관한 대책부터 먼저 마련해야 한다. 유럽이나 미국처럼 제약사가 신규 의약품을 출시하기 전에 수중 생물을 대상으로 한 독성 검사 결과를 제출하게 하고, '처방 약 폐기 규정'을 만들어 폐의약품 무단 폐기를 방지해야 한다. 폐의약품 분리수거 시민 홍보도 더욱 적극적으로 해야 한다. 미국, 캐나다, 프랑스, 이탈리아에는 쓰지 않는 약을 기업에서 회수하는 제도가 있다. 스웨덴을 비롯한 유럽에서는 약품 설명서에 '사용하지 않고 남거나 유효 기간이 지난 의약품은 약국에 돌려주세요. 폐의약품을 하수구에 버리지 마십시오'라는 표기를 의무화하고 있다. 이런 제도도 참고할 만하다.

이제라도 우리 모두 무심코 버려지는 폐의약품의 위험성을 인식하고, 정부는 정부대로 제약사는 제약사대로 할 일을 해야 한다. 우선 각 가정에서는 의약품 쓰레기를 모아서 가까운 수거 장소에 가져다주는 작은 수고부터 실천하자.

의약품 부작용, 신고하고 보상받자

약 먹어서 아픈 사람들

한국 사람들은 약을 참 좋아한다. '시계약', '구두약', '치약'처럼 생활의 불편함을 개선한다는 의미로 약이라는 단어를 흔히 사용한다. '모르는 게 약이다'는 오랜 속담이 있듯이 약은 생활 속에 크게 자리 잡고 있다. 한 사람당 매년 10건 이상 처방을 받고 연간 투약 일수가 평균 176일에 이를 정도로 건강과 생활에 필수적이다. 이렇듯 약을 친숙하게 여기다 보니 약의 부작용은 대수롭지 않게 여긴다.

약을 먹고 나서 엉뚱하게 두드러기가 나거나 설사하는 등 전혀 의도하지 않은 효과가 나타날 때가 있다. 우리가 부작용이라고 부르는 현상이다. 의약품 부작용이란 정상 용량의 의약품을 투여할 때 발생하는 모든 의도되지 않은 효과를 가리킨다. 가벼운 소화 불량도 있지만, 감기약을 먹은 뒤 온몸의 피부가 헐면서 벗겨지고 실명까지 하는 스티븐-존슨 증후군 같은 중대한 부작용도 있다.

이런 부작용 중에서 해당 의약품과 인과관계를 배제할 수 없을 때를 약물 유해 반응이라고 한다. 그렇지만 약물 유해 반응은 사전에 위험성을 검사할 방법이 없다. 세계적으로 입원 환자의 10~20퍼센트를 차지하며 미국에서는 해마다 수백만 명이 입원하고 10만 명 이상이 사망하는 원인인데도 말이다. 부작용이 의심되면 가장 먼저 의사나 약사하고 상담해서 복용을 중지하는 조치를 해야 한다. 특히 생명이 위태롭거나 입원한 사례, 부작용으로 입원 기간이 길어진 사례, 후유증이 있는 사례 등 심각한 부작용은 반드시 신고해야 한다.

신고 안 하면 모르는 의약품 부작용

판매한 지 오래된 약은 안전할까? 50년 넘게 사랑받은 감기약 콘택 600이 2004년 페닐프로판올아민 사건으로 더 유명해졌다. 드물지만 부작용으로 뇌졸중이 생길 수 있다는 가능성이 제기돼 아예 허가가 취소됐다. 페닐프로판올아민 성분은 해외에서는 부작용으로 시판이 금지됐지만, 한국에서는 오랫동안 사랑받았다. 해외에서 판매가 금지된 약이 한국에서는 팔린 이유는 신고된 부작용 사례가 없기 때문이었다.

혁신적 신약으로 지정된 글락소스미스클라인의 블록버스터 당뇨약인 로시글리타존 성분 아반디아는 출시된 뒤 늘 매출 상위에 올라 있다가 2010년 11월 사실상 사용이 중단됐다. 2005년 아반디아를 재심사하던 중 심독성 관련 부작용이 보고된 사례가 있는지 건약이 질의하자 식품의약품안전처는 대상자 5134명 중 심혈관계 부작용 보고는 한 건도 없다고 답변하며 안전성 문제 제기를 일축했다. 아반디아를 시판한 뒤 처음 6년 동안 미국 식품의약국에 보고된 심장 발작 689건하고 비교하면 도저히 이해가 안 된다.

안전성 수준은 선진국을 가르는 척도

가난하던 시절 부작용 위험을 감수한 채 묻지도 따지지도 않고 효과만으로 약을 평가하던 저개발 국가 시대를 거쳐 한국도 이제는 의약품 안전 관리에 관심을 두게 됐다. 1998년 미국 식품의약국을 본떠 식품의약품안전처도 만들었다. 식품의약품안전처는 식품과 의약품의 안전 관리를 담당한다. 그러나 페닐프로판올아민 사태, 당뇨약 아반디아와 석면 사건, 식욕 억제제 리덕틸 퇴출 등 크고 작은 의약품 안전 관련 시고를 거치며 의약품 부작용 관리 체계는 한계를 드러냈다. 미국은 의약품 부작용 모니터링을 담당하는 '메드 워치 시스템'이 있어 의약품 관련 안전 정보를 제공한다. 캐나다는 부작용 의약품 관련 데이터베이스를 구축해서 누구나 열람할 수 있게 한다. 반면 한국은 몇 년 전만 해도 제대로 된 부작용 보고 체계가 없었다. 제약사든 병원이든 약국이든 상황에 따라 신고하거나 혼자만 알고 넘어가기도 했다. 1988년부터 자발적 부작용 보고를 제도적으로 운영하고 있는데, 자발적이라는 말은 어디까지나 '해도 그만, 안 해도 그만'의 다른 이름일 뿐이다.

사라진 프레팔시드가 남긴 교훈

2000년 건약은 위장 운동 촉진제인 프레팔시드정을 한국에서 판매 중지해달라고 요구했다. 미국 식품의약국은 프레팔시드정을 심장 관련 통증, 부정맥, 심혈관계 이상 환자에게 처방하지 말라고 경고했다. 실제로 1999년 12월 31일까지 프레팔시드정에 관련된 341명이 심각한 심장 박동 이상 부작용을 보이고 그중 80명이 사망했다. 결국 이 약은 미국 시장에서 퇴출됐다. 그러나 미국 본사는 미국에서 시장 철수를 결정한 뒤에도 한국에서는 이 사실을 적극적으로 알리지 않고 몇 개월 동안 '문제가 없다'며 판매를 강행했다. 한국의 의약품 안전성 관리 체계가 미숙하다는 점을 악용한 형태였다.

프레팔시드는 일반인들은 잘 모르지만 의사와 약사들은 익히 잘 아는 국내 생산 3위 의약품이었다. 2000년에 의약품 생산 1~2위 품목이 박카스나 원비디 같은 드링크류라는 사실을 감안하면 한국에서는 사실상 1위인 전문 의약품인 셈이다. 한국얀센은 회사 매출의 거의 절반을 차지하는 황금알을 낳는 거위를 놓치고 싶지 않았다. 2000년 미국은 이 약을 처방하기 전에 심전도와 혈액 검사를 거치게 하고, 아주 제한된 환자나 역류성 식도염 환자의 야간 중증 흉통 치료에만 국한해 사용하게 했다. 반면 한국은 공식 발표도 전혀 없었고, 안전성에 관한 정보 제공이나 교육도 제대로 진행하지 않았다. 프레팔시드가 시장에서 사라진 때는 건약이 성명서를 내고 언론을 통해 문제를 제기한 뒤였다.

프레팔시드는 의약품 안전성 관리를 제약사의 윤리 의식에 맡기면 안 된다는 교훈과 의약품 안전 관리 체계가 필요하다는 과제를 남긴 채 조용히 시장에서 사라졌다. 한국은 부작용 신고의 무풍지대라고 부를 만큼 의약품 부작용 보고 건수가 적었지만, 2004년 프레팔시드 파동 뒤 사회적 관심이 커지면서 의약품 부작용 관리 제도를 정비하기 시작했다. 2004년 제약사가 의약품 부작용 정보를 의무적으로 보고하도록 법을 개정했고, 2006년부터 전국 20개 주요 대학 병원을 지역 약물 감시 센터로 지정해 의약품 부작용을 수집하고 평가하게 했다. 2011년에는 의약품 부작용을 전문으로 다루는 한국의약품안전관리원이 생겼다. 그 결과 국내 부작용 보고 건수는 비약적으로 늘어났지만, 그중 72

퍼센트가 의료 기관이나 제약사에서 나온 보고이고 일반 시민이 제보하는 횟수는 여전히 저조하다.

의약품 부작용 피해 구제 제도

한국은 의료인의 과실 없이 정상적인 의약품 사용 때문에 발생한 사망, 장애 등 부작용에 관한 피해를 보상하는 '의약품 부작용 피해 구제 제도'를 2014년 12月부터 시행하고 있다. 그동안 의약품 부직용 피해를 소비자가 소송을 벌여 직접 증명해야 하고 소송 기간도 5년 정도나 돼서 시간적이나 정신적으로 2차 피해가 매우 컸다.

피해 구제 신청이 한국의약품안전관리원에 접수되면 부작용 원인을 직접 조사한 뒤 식품의약품안전처에 설치된 부작용심의위원회가 조사 결과를 토대로 보상 여부를 최종 결정한다. 보상이 결정되면 한국의약품안전관리원은 피해자나 유족에게 피해 구제 급여를 지급한다. 신청부터 지급까지 약 4개월 이내에 처리하게 돼 소송에 견줘 처리 절차가 간단해지고 기간도 크게 단축됐다. 사망 시 월평균 최저 임금의 5년 치, 장례비는 평균 임금의 3개월 치, 장애 보상금은 등급에 따라 차등 지급한다. 2021년 기준으로 피해 구제는 141건이었으며, 약 21억 원이 보상금으로 지급됐다.

연간 부작용 사망 보고 건수가 2400건이 넘는데도 사망 피해 구제를 받은 사람은 겨우 10여 명에 지나지 않는다는 사실은 이 제도가 아직 정착되지 못한 현실을 보여준다. 제도가 잘 알려져 있지 않은 탓이지만, 현장에서 일하는 의사와 약사들이 보이는 무관심도 이런 현실에 한몫했다. 무엇보다도 제도를 홍보하고 소비자 권익을 보호해야 할 정책 당국이 의지가 부족해 피해 구제 제도를 이름뿐인 제도로 머물게 하지는 않는지 돌아봐야 한다.

부작용 의심되면 전화를

한국 사람은 쇼핑할 때 깐깐한 안목으로 소문이 나 있다. 외국 유명 화장품 회사나 핸드폰 회사들은 한국에서 통하면 세계에서 통한다며 한국 시장에서 나타나는 반응을 예의 주시한다. 신제품이 한국에서 가장 먼저 출시되는 사례도 많다. 반대로 의약품 시장은 가장 만만한 시장으로 꼽힌다. 부작용에 너그럽기 때문이다. 도리어 빨리 나을 수 있는 독한 약을 달라며 부작용을 용인하는 분위기마저 있다. 약을 먹은 뒤에 부작용이 의심되면 꼭 제보하자. 한국 여성이 세계 화장품 시장의 트렌드를 바꾸듯이 의약품 시장의 흐름도 바꿀 수 있다.

의약품 부작용 신고를 반드시 해야 하는 이유는 내 몸을 가장 잘 아는 사람은 나 자신이기 때문이다. 또한 소비자보호원하고 연계해 조언을 얻을 수도 있다. 부작용 있는 약이 판매되는 사태를 막을 수도 있고, 이런 사실을 사용 설명서에 반영할 수 있고, 또 다른 피해자를 막을 수도 있다. 내 몸에 더 안전한 약으로 바꿀 뿐만 아니라 가족과 이웃의 건강을 지킨다는 점에서 꼭 필요하다. 참여는 의외로 쉽다. 한국의약품안전관리원 홈페이지(www.drugsafe.or.kr)에 접속하거나 1644-6223 또는 14-3330으로 전화만 하면 된다.

✚ 안전한 약 복용법

❶ 조제약은 의사와 약사의 지시대로 복용하세요. 중단 또는 변경을 원하시면 의사 또는 약사와 상의하세요.

❷ 식후에 복용하는 약이 많지만, 식전 또는 빈속에 복용해야 하는 약도 있으니 확인하세요.

❸ 술, 담배, 우유, 자몽주스는 약 효과에 영향을 줄 수 있습니다. 우유가 약으로부터 위장을 보호하는 것은 아니에요.

❹ 처방받은 약은 매일 먹는 약인지, 필요시 먹는 약인지 의사에게 확인하세요.

❺ 약에 의한 부작용은 사람마다 다를 수 있습니다.

❻ 약을 복용 후 새로운 증상이 생기면 부작용일 수 있으니 의사, 약사에게 알리세요. 의약품 부작용 신고 전화는 1644-6223입니다.

❼ 증상이 비슷해도 조제약을 다른 사람이 먹으면 위험할 수 있어요.

❽ 모양은 달라도 같은 약이 많으니 중복에 주의하세요.

❾ 조제약의 처방전, 설명서, 약 봉투를 함께 보관하세요.

❿ 새로운 약이 필요할 때는 복용 약을 의사에게 미리 알리세요.

⓫ 영양제라고 모두 같지 않습니다. 내 몸에 맞는 영양제를 약사와 상의해서 결정하세요.

⓬ 약을 냉장 보관하라는 지시가 없었다면 서늘하고 습기가 없고 빛이 없는 곳에 보관하는 것이 좋습니다.

❸ 약의 유통기한을 확인하세요. 약을 버릴 때는 환경을 보호하면서 잘 처리하도록 폐의약품 수거 장소를 이용하세요.

❹ 씹어 먹거나 쪼개 먹어도 안전한 약인지 확인하고 복용하세요.

❺ 단골병원, 단골약국을 정해놓으면 약에 대해 상담받기가 좋습니다.

부록

그린레터

감기약을 복용하시나요?

콧물이 나면 콧물이 흐르지 않게, 열이 나면 열이 나지 않게, 기침이 나면 기침을 멈추게 하고, 두통이나 몸살이 있으면 통증을 줄이고 증상을 완화하는 약을 우리는 감기약이라 부릅니다. 콧물 흐르고 기침 나고 열 오르면 증상을 해결하려 여러 약을 한 움큼 복용합니다.

감기약은 감기를 치료하는 약이 아닙니다. 증상이 있다고 해서 반드시 복용할 필요는 없습니다. 건강한 사람이라면 대개 후유증 없이 자연스럽게 낫기 때문입니다. 오히려 무심코 먹은 감기약 때문에 해를 입는 사람이 의외로 많습니다. 졸음을 일으킬 수 있어서 운전하거나 위험한 기계를 다루는 사람은 특히 조심해야 합니다. 전립선 치료제를 복용하는 사람은 소변보기가 더 힘들어질지도 모릅니다. 안압을 올리는 성분이 들어 있어서 녹내장 환자는 신중하게 복용해야 하고, 혈압이 오를지도 모르니 고혈압 환자와 심장 질환자도 주의해야 합니다. 피부에 염증이 나거나 물집과 고름이 생기면 얼른 복용을 중단하고 의사에게 알려야 합니다.

어린이에게 해열제를 사용할 때는 신장에 해가 되지 않게 수분을 충분히 섭취하도록 신경을 써야 합니다. 두 가지 해열제를 번갈아 사용하거나 동시에 사용하면 효과가 더 좋다는 연구 결과는 아직 없습니다. 감기 때문에 생기는 미열에 해열제를 복용하라고 권장하지는 않습니다. 열이 나더라도 잘 놀고 잘 먹고 잘 자면 걱정하지 않아도 됩니다.

고지혈증 치료제를 복용하시나요?

고지혈증 치료제는 동맥 경화성 심혈관 질환을 예방하는 약입니다. 대부분 우리 몸에서 콜레스테롤이 지나치게 많이 만들어지지 않게 억제하는 기능을 합니다. 혈관 속에 콜레스테롤이 늘어나면 혈관 통로가 좁아지거나 막히면서 뇌와 심장에 혈액이 잘 공급되지 않아 뇌경색이나 심근 경색을 일으킬 수 있기 때문입니다.

고지혈증 치료제를 복용하면 무력감이나 근육통이 생기기도 하는데, 콜라처럼 검붉은 소변이 나오면서 이유 없이 근육통이 심하면 복용을 중단하고 담당 의사에게 꼭 알려야 합니다. 자몽주스는 이런 부작용을 더 심하게 할 수 있습니다. 고혈압 치료제, 통풍 치료제, 무좀약, 항생제 중에는 고지혈증 치료제하고 함께 복용하면 부작용이 생기는 종류가 있기 때문에 복용하는 약을 담당 의사에게 미리 알려야 합니다.

골다공증 치료제를 복용하시나요?

골다공증에는 칼슘이 뼈에서 빠져나가지 않게 하는 약을 주로 처방합니다. 식도에 자극을 많이 줄 수 있기 때문에 복용법을 꼭 지켜야 합니다. 식도 자극을 예방하려면 물을 한 잔 넘게 충분히 마시는 한편 다른 약물하고 같이 복용하지 않아야 합니다. 물을 제외한 음료나 음식을 최소 30분은 피해야 하니까 아침 먹기 30분 전에 복용하면 좋습니다.

복용하고 나서 약 30분 동안 상체를 똑바로 세운 채 눕지 않아야 하고, 취침 전에는 절대 복용하면 안 됩니다. 씹거나 빨아 먹거나 쪼개 먹지 말고 알약 그대로 삼킵니다. 음식물을 삼키기 어렵거나 가슴 또는 등에 통증이 심하면 반드시 복용을 중단하고 의사에게 알려야 합니다.

식도와 위장에 이상이 있는 사람은 의사에게 먼저 이야기해야 합니다. 치과 치료를 받는 사람도 골다공증 치료제를 복용하고 있다고 미리 알려야 하는데, 턱뼈 괴사가 부작용으로 보고된 때문입니다. 칼슘과 비타민 디도 부족하지 않도록 충분히 섭취해야 합니다.

당뇨병 치료제를 복용하시나요?

당뇨병에 걸리면 혈당을 낮추는 약을 처방합니다. 당뇨병 치료제는 방식이 다양합니다. 인슐린 분비를 촉진해 당 사용을 증가시키는 약, 당을 소변으로 배설시키는 약, 식사할 때 흡수되는 당을 감소시키는 약, 간에서 당 생성을 억제하는 약 등입니다.

당뇨병 치료제를 꾸준히 복용하면 심혈관 질환을 예방하는 데 매우 도움이 됩니다. 복용법을 지키는 한편 복용 뒤에 생길 수 있는 부작용도 함께 알아두어 올바르게 대처하는 일도 중요합니다.

복용법은 원칙적으로 의사 또는 약사가 하는 지시를 따라야 하는데, 식사 전에 복용하는 약, 식사하면서 복용하는 약, 식사에 상관없이 복용하는 약으로 나뉩니다. 서방정은 쪼개지 말고 통째로 삼켜야 합니다. 복용한 뒤 소변에 피가 섞여 나올 때, 소변볼 때 불편한 느낌이 들 때, 호흡 곤란, 구역, 구토, 복통이 나타난 때는 곧바로 의사에게 알려야 합니다. 소변으로 당을 배출하는 약은 칼로리 손실 때문에 체중이 줄어들 수 있습니다. 아울러 당뇨병 치료제를 복용할 때는 격렬한 운동과 음주는 피하고, 식사량이 부족하거나 식사 시간이 들쭉날쭉하지 않게 신경 써야 합니다.

빈혈 치료제를 복용하시나요?

적혈구 생성을 촉진하는 철분제는 식사한 뒤 두 시간 정도 지나 속이 빈 상태에서 복용하라고 권장합니다. 위장에서 철분이 더 잘 흡수되기 때문입니다. 구역, 위통, 속 쓰림, 위경련, 변비 등 소화기 장애가 나타나면 의사하고 복용법을 상담하기를 바랍니다.

비타민 시나 오렌지주스는 철분이 위장에서 잘 흡수되게 돕습니다. 녹차, 홍차, 우유를 비롯한 유제품은 흡수를 방해하기 때문에 복용 전후에는 피하면 좋습니다.

철분을 복용하는 동안에는 약물도 주의해야 합니다. 위장약과 항생제가 대표적입니다. 다른 약물을 복용하기 전에 철분제를 복용하고 있다고 의사와 약사에게 미리 알리세요.

60세 이상 고령자가 철분을 많이 복용하면 협심증과 심근 경색증이 증가할 수도 있다고 합니다. 무심코 복용하는 영양제에 철분이 들어 있는지 확인하는 일도 중요합니다. 빈혈 치료제를 복용한 뒤 대변이 검은색으로 바뀌어도 걱정할 필요는 없습니다.

6

스테로이드 연고를 사용하시나요?

피부 질환 치료제 중에 '스테로이드 연고'라고 알려진 치료제가 여럿 있습니다. 더 정확히 말하면 '스테로이드 외용제'입니다. 스테로이드 외용제는 피부 혈관 수축력을 기준으로 약효 강도를 나누는데, 치료에 적합한 약품은 질환 특성과 발생 부위에 따라 결정합니다.

스테로이드 외용제를 장기간 사용하면 더는 혈관이 수축하지 않아 약효가 떨어집니다. 사용법을 꼭 지키세요. 보통 1일 1~2회 적당량을 사용해야 하는 스테로이드 외용제를 더 자주 많이 바르면 치료 효과가 더 좋을까요? 아닙니다. 오히려 피부에 바르고 난 뒤 약효 성분이 피부 각질층에 약 4일 정도 머물기 때문에 일주일에 2회 정도만 사용해도 된다는 연구가 있습니다.

사용 기간도 주의해야 합니다. 강도가 매우 높은 스테로이드 외용제는 2~4주 넘게 연이어 사용하지 말아야 하고, 더는 사용하지 않으려면 강도 낮은 성분으로 바꾸면서 서서히 중단해야 합니다. 강도 낮은 스테로이드 외용제도 3개월 넘게 연이어 사용하면 안 됩니다. 장기간 사용해 내성이 생긴 상태라면 적어도 4~7일 동안 사용을 중단해 피부 혈관이 수축력을 회복할 수 있게 해야 합니다.

스테로이드 외용제를 오용하거나 남용하면 피부가 위축돼 모세 혈관 확장, 홍반, 자색 반점, 궤양 등이 나타날 수 있습니다. 반대로 스테로이드를 지나치게 두려워하면 적절한 치료를 제때 하지 못해 삶의 질이 떨어질 수 있습니다. 스테로이드는 염증을 치료하고 알레르기를 억제하는 데 매우 탁월한 약이기 때문입니다. 어떤 스테로이드 연고를 사용할지, 스테로이드 연고를 얼마나 사용할지는 반드시 담당 의사나 단골 약사하고 상의해야 합니다.

위장약을 복용하시나요?

"이렇게 오래 먹어도 괜찮을까?" 위장약을 복용하는 분들은 이런 걱정을 많이 합니다. 위장약 중에는 식도, 위장, 십이지장 등에 생긴 염증이나 궤양을 치료하려고 위산 분비를 억제하는 종류가 있습니다. 위산 과다 또는 위산 식도 역류가 이런 증상을 일으키기 때문입니다. 위에서 분비되는 액체인 위산은 소화를 담당하는데, 건강에 필요한 영양 물질을 흡수하거나 입을 거쳐 들어온 해로운 병원균을 죽이는 일을 합니다.

위산 분비를 억제하는 위장약을 장기간 쓰면 비타민 비 12, 칼슘, 마그네슘 등 영양 물질이 부족해지기 쉽고, 골다공증, 골절, 장내 감염, 폐렴 감염이 생길 위험성이 증가합니다. 따라서 원칙에 맞게 낮은 용량으로 꼭 필요한 기간만 사용해야 합니다.

병원을 여러 군데 다니다 보면 위산 분비를 억제하는 위장약을 중복으로 처방받기도 합니다. 자기도 모르게 많은 양을 장기간 복용하는 사례가 늘고 있습니다. 조제약을 복용할 때는 위장약이 들어 있거나 중복 처방은 아닌지 담당 의사와 단골 약사에게 물어서 위산을 차단하는 약을 필요 없이 오랫동안 복용하지 않기를 바랍니다.

전립선 치료제를 복용하시나요?

유방이 비대해지고 통증이 생겨 남모를 고민을 오랫동안 한 남성이 있었습니다. 뒤늦게 전립선 치료제가 원인이라는 사실을 알게 돼 복용을 중단했습니다. 다행히 증상도 사라졌습니다. 그러나 그동안 겪은 마음고생을 생각하면 좀더 일찍 알지 못해 아쉬울 따름이었습니다.

전립선 치료제를 복용하다가 이런 증상을 겪는 사람이 생각보다 많습니다. 전립선이 커지면서 소변보기가 힘들어지는 증상을 개선하는 전립선 치료제 중에는 근육을 이완시켜 소변이 잘 나오게 하는 약이 있는데, 혈관을 확장해 혈압을 낮추는 작용도 하는 탓에 어지럼증이 생기기도 합니다.

고혈압 치료제를 복용하고 있다면 꼭 의사에게 미리 알려야 합니다. 어지럼증이 나타나면 눕거나 앉은 자세에서 일어날 때 넘어지지 않게 천천히 움직여야 합니다.